OPÚSCULO HUMANITÁRIO

Edição com estudo introdutório e notas de Peggy Sharpe-Valadares

NÍSIA FLORESTA

Opúsculo Humanitário

Direção editorial: Luiz Vasconcelos
Produção editorial: Equipe Novo Século
Preparação: Ana C. Moura
Revisão: Ellen Andrade
Diagramação: Equipe Novo Século
Capa: Ale Santos

Texto de acordo com as normas do Novo Acordo Ortográfico da Língua Portuguesa (1990), em vigor desde 1º de janeiro de 2009.

Floresta, Nísia
Opúsculo humanitário / Nísia Floresta ; edição com estudo introdutório e notas de Peggy Sharpe-Valadares. -- Barueri, SP : Novo Século Editora, 2025.
176 p.

Bibliografia
ISBN 978-85-428-1838-3

1. Mulheres – Educação – Brasil – História 2. Feminismo – Brasil I. Título II. Sharpe-Valadares, Peggy

25-3554 CDD-376.981

Índice para catálogo sistemático:
1. Mulheres – Educação – Brasil – História

GRUPO NOVO SÉCULO
Alameda Araguaia, 2190 – Bloco A – 11º andar – Conjunto 1111
CEP 06455-000 – Alphaville Industrial, Barueri – SP – Brasil
Tel.: (11) 3699-7107 | E-mail: atendimento@gruponovoseculo.com.br
www.gruponovoseculo.com.br

OPÚSCULO HUMANITÁRIO

Edição com estudo introdutório
e notas de Peggy Sharpe-Valadares

NÍSIA FLORESTA

Ela era uma mulher de muitos nomes, também de muitas vidas. A sua preocupação maior, o sonho pelo qual lutou por tanto quanto teve de energias, foi o de elevar a mulher brasileira à plenitude de suas potencialidades humanas.

Dionísia Pinto Lisboa, ou Dionísia Gonçalves Pinto, ou Nísia Floresta Brasileira Augusta, ou apenas Nísia Floresta, como simplificadamente a têm identificado os raros e rarefeitos estudos que a mencionam, morreu fora do seu país, em 1885. […]

O *Opúsculo Humanitário* retorna à sua segunda edição nada menos que 136 anos depois de ter escandalizado as brasileiras e os brasileiros dos tempos imperiais. Nele está contida, em sua forma mais elaborada, a tese de Nísia Floresta como educadora feminista e reformadora social. Indiscutivelmente também – descontado o encantamento romântico próprio do seu estilo, a sedução de que era possuído todo o romantismo brasileiro, privilegiadamente coevo de um país que construía, também de forma romântica, o seu sonho de independência – o arcabouço das ideias de Nísia Floresta será ainda um desafio à contemporaneidade nacional.

Peggy Sharpe-Valadares

SUMÁRIO

PREFÁCIO DA SEGUNDA EDIÇÃO *(1989)*

Ela era uma mulher de muitos nomes, também de muitas vidas. A sua preocupação maior, o sonho pelo qual lutou por tanto quanto teve de energias, foi o de elevar a mulher brasileira à plenitude de suas potencialidades humanas.

Dionísia Pinto Lisboa, ou Dionísia Gonçalves Pinto, ou Nísia Floresta Brasileira Augusta, ou apenas Nísia Floresta, como simplificadamente a têm identificado os raros e rarefeitos estudos que a mencionam, morreu fora do seu país, em 1885. Os seus restos mortais retornaram ao solo pátrio e hoje repousam naquela terra em relação a que – nisso também antecipadora – ela foi tão ufanista, a ponto de autodenominar-se brasileira. Hoje, uma cidade do Nordeste lhe dedica o próprio nome, mas a imensa maioria dos seus compatriotas ignora a existência de Nísia Floresta, de tal forma que tem sido difícil o acesso ao pensamento dessa mulher extraordinária, até mesmo por especialistas e bibliófilos.

Não podemos, por essa razão, disfarçar o contentamento muito especial em poder contribuir para entregar de novo ao leitor brasileiro um dos títulos mais significativos da produção intelectual de Nísia Floresta.

O *Opúsculo Humanitário* retorna à sua segunda edição nada menos que 136 anos depois de ter escandalizado as brasileiras e os brasileiros dos tempos imperiais. Nele está contida, em sua forma mais elaborada, a tese de Nísia Floresta como educadora feminista e reformadora social. Indiscutivelmente também – descontado o encantamento romântico próprio do seu estilo, a sedução de que era possuído todo o romantismo brasileiro, privilegiadamente coevo de um país que construía, também de forma romântica, o seu sonho de independência – o arcabouço das ideias de Nísia Floresta será ainda um desafio à contemporaneidade nacional.

O cuidado religioso, a devoção mesma de que fomos tomados desde a primeira aproximação à obra da autora nos obrigam a dizer que mantivemos, na atualização ortográfica do texto da presente edição, toda a fidelidade que nos parecia obrigatória para assegurar o perfeito sentido da mensagem da autora. Todavia, não nos dispensamos, onde e quando necessário, de nos indagar se Floresta, dirigindo-se, de imediato, a leitores de jornal, não teria hoje o cuidado de emprestar a seu texto a plástica que a dinâmica dos tempos atuais – elétricos, nervosos, sincopados – estaria a exigir. Acreditamos ter operado num meio-termo que respeite por inteiro o *corpus* original e devolva, ao mesmo tempo, ao leitor moderno as páginas que, de princípio, se destinavam ao homem e à mulher comuns.

Queremos manifestar nosso agradecimento às fontes financiadoras que nos facilitaram os recursos para a confecção deste trabalho. Em primeiro lugar, à Fundação William e Flora Hewlett, da Universidade de Illinois, e à Fundação Beckman, da mesma universidade. Finalmente, ao assistente de pesquisa, Sebastião Moreira Duarte, nossos sinceros agradecimentos pela eficiente colaboração e apoio, que tornaram este trabalho uma tarefa menos árdua e um aprendizado constante.

PEGGY SHARPE-VALADARES

INTRODUÇÃO

Um caso saliente da omissão seletiva por que passam as mulheres nos cânones da vida intelectual é o nome de Nísia Floresta Brasileira Augusta, figura revolucionária da sociedade do século XIX e precursora do moderno movimento feminista no Brasil. O seu trabalho de escritora e educadora apenas superficialmente foi reconhecido pela crítica. E, no entanto, a especificidade do seu discurso penetra o amplo espectro social, visto sob o ângulo da subjetividade feminina, em um tempo no qual a maioria das mulheres não só não escrevia como nem mesmo recebia instrução formal. O pensamento e a ação de Nísia Floresta são um exemplo de contribuição literária dos mais raros e, sob dois aspectos, pelo menos, servem para desvelar o passado histórico das mulheres: como uma fonte pela autora mesma personificada, e pelo contraste do quadro histórico em que se situa, por ela vividamente retratado, contra o qual edifica a sua obra multifária. E, todavia, os escritos de Nísia Floresta têm permanecido inacessíveis ao público brasileiro, especialistas incluídos – desde nada menos que por mais de um século. Afora notas esparsas em compêndios de história da literatura ou em livros de referência, ela foi quase completamente relegada ao esquecimento,[1] não tendo tido, desde a sua morte, mais que dois pequenos trechos reeditados.[2]

Foi através do esforço recente da pesquisa feminista, oferecendo

---

1 Para uma relação completa da bibliografia sobre Nísia Floresta, ver MARIZ, Zélia Maria Bezerra. *Nísia Floresta Brasileira Augusta.* Natal: Editora Universitária, 1982, p. 51-54.

2 A primeira tentativa de reeditar a obra de Nísia Floresta deu--se em 1935, quando Fernando Osório incluiu, no seu livro *Mulheres Farroupilhas* (Porto Alegre: Livraria do Globo, 1935, p. 62-71), um manuscrito de autoria de Nísia Floresta intitulado *Fany ou o Modelo das Donzelas, por N. B. Augusta. Em 8 de abril de 1847 – Colégio Augusto.* A seguir, em 1941 Adauto da Câmara publicou a *História de Nísia Floresta* (Rio de Janeiro, Irmãos Pongetti, 1941), na qual transcreveu alguns trechos da obra e fez um estudo extenso da biografia da autora. Adauto da Câmara também reeditou (na *Revista da Federação das Academias de Letras,* Rio de Janeiro, v. 2, n. 3, p. 66-88, 1938), o poema *A Lágrima de um Caeté,* antes publicado em 1849 (Rio de Janeiro, Tipografia de L.A.F. de Menezes). No mesmo volume aparece outro artigo de Adauto da Câmara, intitulado *Bibliografia de Nísia Floresta,* em que também constam passagens da obra da autora. Ivan Lins, na *História do Positivismo no Brasil* (São Paulo, Companhia Editora Nacional, 1964), transcreveu alguns trechos da correspondência entre Nísia Floresta e Augusto Comte, no segundo capítulo, dedicado à autora. A correspondência de Augusto Comte destinada a Nísia Floresta foi publicada numa edição especial de cem exemplares intitulada *Sept Lettres Inédites d'Auguste Comte a Mme Nísia Brasileira.* Rio de Janeiro, Siège Central de 1'Apostolat Positiviste du Brésil, 1888.

uma leitura reinterpretativa do papel social da mulher, que o nome de Nísia Floresta voltou à circulação. Sinal dos tempos, em 1985 ela abria o calendário preparado por Maria Lúcia de B. Mott e lançado pelo Conselho Estadual da Condição Feminina, em São Paulo. E, como esboços biográficos, os de Socorro Trindad e Zélia Maria de Bezerra Mariz mostram, ademais, o que o feminismo brasileiro, através de Nísia Floresta e não obstante a escassez de documentos e a dificuldade de encontrá-los, tem feito para reescrever o passado histórico da mulher no Brasil.[3]

Para Socorro Trindad, a primeira feminista brasileira foi a índia potiguar Clara Camarão, figura de destaque nas lutas contra os holandeses, durante a primeira metade do século XVII. Nos campos de batalha, ela liderava um grupo de índias no incentivo aos combatentes pró-Portugal para heroicos feitos de armas. Dois séculos adiante, Clara é continuada por outra "guerreira" de sua terra, chamada Dionísia Pinto Lisboa[4] – nome real de Nísia Floresta –, que não encarnou nenhum papel lendário, mas elevou-se à categoria de primeira mulher brasileira a publicar e divulgar suas ideias revolucionárias, tanto no Brasil quanto na Europa, e em três línguas diferentes: português, francês e italiano.

Nísia Floresta é versão abreviada de um pseudônimo que Gilberto Freyre entende como composto dos seguintes elementos: *Nísia,* final do nome de Dionísia; *Floresta,* pelo lugar onde ela nasceu, no Rio Grande do Norte; *Brasileira,* para lembrar a nacionalidade da mulher que deixou o seu país em 1849 e, com a exceção de dois intervalos, passou a viver na Europa; e *Augusta,* para guardar a memória de seu segundo marido, Manuel Augusto de Faria Rocha, morto de repente, em 1833, com apenas 25 anos.[5] Ela também assinou escritos com os pseudônimos de Tellezilla, Telesila, B.A. e *Une Brésilienne.*

É muito pouco o que se sabe sobre a juventude de Nísia Floresta. Nascida em 1809 ou 1810, na então capitania do Rio Grande do Norte, Dionísia Pinto Lisboa foi a primeira filha do casamento, realizado em 1808, entre o advogado português Dionísio Gonçalves Pinto Lisboa e a viúva

3 Ver: TRINDAD, Socorro. *Feminino, Feminino.* Natal: Editora Universitária, 1981; MARIZ, Zélia Maria Bezerra, *op. cit.*

4 Até o nome verdadeiro de Nísia Floresta é objeto de controvérsia: Maria Lúcia de B. Mott, nas informações fornecidas ao Conselho Estadual da Condição Feminina, em São Paulo, no citado calendário de 1985, registra o nome da autora como sendo Dionísia Gonçalves Pinto, informação que, aliás, é sugerida pela chamada de alguns catálogos bibliográficos, nos quais o sobrenome Pinto é que identifica a autora.

5 Citado por Zélia Maria Bezerra Mariz, p. 23. Ver também: CASCUDO, Luís da Câmara. O Sítio Floresta. CASCUDO, Luís da Câmara. *In*: *O Livro das Velhas Figuras*. Natal: Instituto Histórico e Geográfico do Rio Grande do Norte, 1978.

brasileira Antônia Clara Freire.[6] Dessa união nasceram mais os filhos F. Clara de Medeiros e Joaquim Pinto Brasil. Outros registram também a existência de uma irmã mais velha de Dionísia, possivelmente fruto do primeiro casamento de Antônia Clara. Nísia viu a luz no Sítio Floresta, perto da antiga cidade de Papari, hoje denominada Nísia Floresta.

Adauto da Câmara menciona que a autora morou por algum tempo, em 1819, na cidade de Goiana, Pernambuco, onde o seu pai havia se estabelecido quando chegou ao Brasil. Mais tarde, ela regressa ao estado natal, mas irá deixá-lo em definitivo após a Revolução de 1824, por causa das perseguições políticas movidas contra a família. Um pouco antes disso – 1822 ou 1823 –, Floresta já está casada com Manuel Alexandre Seabra de Melo, marido imposto, segundo a mentalidade da época, a quem irá abandonar quando se transferir para o Rio Grande do Norte. Partindo de sua terra, ela se detém de novo em Goiana, onde chega a conhecer um estudante de direito, Manuel Augusto de Faria Rocha, ou Augusto, como ela lhe chamava. Será este o parceiro da sua própria escolha e, ainda que pouco dure tal união, será dele que Floresta haverá de ter todos os seus filhos. A permanência em Goiana é curta, pois logo a família se muda mais uma vez, primeiro para Olinda e depois para Recife. No dia 17 de agosto de 1828, o pai de Nísia Floresta é assassinado a mando de um certo capitão-mor A. Uchôa Cavalcanti. Nada de certo se sabe sobre o motivo do crime, nem maiores detalhes existem sobre o assassino.

Os poucos estudiosos de Nísia Floresta são concordes quanto a uma possível anulação de seu primeiro casamento, antes de ela unir-se a Manuel Augusto de Faria Rocha, o qual, em 1832, formava-se bacharel em direito pela Faculdade de Olinda. O primeiro filho desse novo matrimônio morreu ainda no berço; a ele seguiu-se a filha Lívia, nascida em 12 de janeiro de 1832; o terceiro, Augusto Américo, já foi nascer no Rio Grande do Sul, em 12 de janeiro do ano seguinte, pois em 1832 Floresta – juntamente com o marido, a mãe, e duas outras irmãs – tinha deixado Pernambuco para ir morar em Porto Alegre, provavelmente a convite de um cunhado residente nessa cidade. O batizado de Augusto Américo deu-se em 4 de agosto de 1833. Quinze dias depois Floresta perderia o marido que de fato amara.

---

6 Nos estudos publicados, existe discrepância quanto à data de nascimento da autora. Adauto da Câmara registra-o como tendo ocorrido em 12 de outubro de 1809. O calendário do Conselho Estadual da Condição Feminina também cita o ano de 1809 como data de seu nascimento. Ivan Lins segue a mesma versão. Socorro Trindad e Zélia Maria Bezerra Mariz trazem a data de 12 de outubro de 1810, sem maiores explicações. A confusão existe no próprio túmulo da autora, na cidade de Nísia Floresta, no Rio Grande do Norte: nele, duas lápides distintas registram, uma ao lado da outra, as duas datas acima.

É durante essa primeira época de viuvez, a partir de 1834, que Floresta, autodidata, inicia-se no magistério. Em 1837 ela se transfere para o Rio de Janeiro, juntamente com a família e os dois filhos, onde, durante os próximos dezessete anos, manterá um estabelecimento de ensino para meninas, o Colégio Augusto – que abriu as portas no dia 15 de fevereiro de 1838. O colégio funcionou inicialmente à Rua Direita, 163 (hoje Rua 1° de Março), e depois à Rua D. Manuel, 20, com entrada pela Travessa do Paço, 23.

Após onze anos no Rio, Nísia deixou o Brasil e foi para a Europa. Como motivo para a viagem, conta-se que a filha Lívia, nessa época com 14 anos, sofreria uma queda de cavalo, e os médicos lhe recomendaram uma "mudança de ares". Então, no dia 2 de novembro de 1849, embarcam a mãe, a filha e o filho Augusto Américo, na galera francesa *Ville de Paris,* com destino ao Havre, na França. Essa foi uma viagem de certo modo definitiva, porque, à exceção de dois curtos intervalos, nunca mais a autora voltou ao Brasil para aqui fixar domicílio. Durante os próximos anos, permanecerá na Europa, onde haverá de publicar suas obras em italiano e em francês.

Sobre sua vida no Rio de Janeiro, também poucos detalhes são concretos. Os documentos disponíveis referem dados conflitantes sobre a sua vida particular e sua participação na sociedade de então. Bezerra Mariz conta, por exemplo, que, em 1842, Floresta fazia conferências abolicionistas e republicanas no Rio, mas disso não existe evidência nem em suas obras, nem nos jornais da época. O que, sim, parece ser informação concreta é a crítica que se fazia ao Colégio Augusto, cujo programa de estudos incluía disciplinas tais como latim, caligrafia, história, geografia, religião, matemática, português, francês, italiano, inglês, música, dança, piano, desenho e costura. Nessa experiência educacional, Nísia Floresta empregou novos métodos de ensino que eram desconhecidos pelos mestres brasileiros e, ainda hoje, seriam considerados inovadores e pedagogicamente sólidos.[7]

Além disso, a seriedade da pedagoga Nísia Floresta ressalta de sua crítica ao ambiente instrucional do Rio de Janeiro da época: ela se opunha à comercialização do ensino por indivíduos incompetentes que com frequência abriam escolas de bela aparência, mas de pouca substância em seu interior. Para ela, a tarefa educativa era missão que somente aos mais qualificados deveria ser confiada. Esses seus sentimentos espelham-se em um artigo anônimo de jornal no qual o problema é discutido, chamando-se os pais à responsabilidade e recomendando o Colégio Augusto por seus vários méritos:

7 Na atual metodologia de aquisição de segunda língua, usa-se o mesmo método "direto" que se empregava no Colégio Augusto, para as aulas de língua estrangeira. O método "direto" parece haver consistido no uso exclusivo da segunda língua na sala de aula, sem nenhuma interferência do idioma materno.

> Ao confiar uma filha a um colégio, o pai deve ter os mesmos receios que depois de entregá-la a um mau esposo. Admiramos a facilidade com que, entre nós, se acredita na moralidade protestada num anúncio mais ou menos pomposo, de quem abre um colégio, e sem mais exame se lhe entrega a educação de uma menina![8]

Mais perigosa ainda, na opinião da educadora, era a ameaça representada por estrangeiros que abandonaram seu país de origem para abrir colégios no Brasil e eram recebidos por uma sociedade enamorada de qualquer coisa da Europa, sem consideração sobre a qualidade. A educação das mulheres no Brasil de princípios do século XIX estava organizada ao redor da dicotomia europeia entre a instrução e a educação. Aos homens se instruía para desenvolver o intelecto. Às mulheres se educava para formar o caráter. Não se considerava o desenvolvimento intelectual das meninas como benefício em si mesmo nem como meio de realização da personalidade individual. O propósito principal da educação da mulher brasileira era conservar a pureza, em sua conotação sexual, e assegurar um comportamento correto perante a sociedade.

Contrapondo-se a essa mentalidade, Nísia Floresta formava conceito de seu colégio como uma instituição séria para a instrução das mulheres, em um tempo no qual o programa de estudos para elas se atinha, na maioria dos casos, ao ensino da costura e dos bons modos. Embora poucos, os artigos de jornal que louvavam os sucessos de suas alunas e a competência intelectual delas foram frequentes o bastante para que tanto o colégio como sua diretora se fizessem objeto da calúnia por parte dos competidores estrangeiros da autora. Porque ela ousou pronunciar-se em reação a eles, porque teve a coragem de ser ela mesma contra o conservantismo da época, os seus concorrentes acusaram-na de adotar uma posição considerada masculina:

> As audácias da diretora, seu caráter *sui júris (sic),* suas ideias já conhecidas em prol da reabilitação da mulher, causaram mal-estar entre as rivais assustadas, e entre os catões, que aborreciam aquela mulher metida a homem, pregando a emancipação do seu sexo, batendo-se pela extinção da odiosa tirania masculina, escrevendo nos jornais, estigmatizando os senhores de escravos, afrontando desassombradamente seculares preconceitos.[9]

---

8 O *Mercantil,* 27 dez. 1846, p. 4. Citado por Adauto da Câmara, *História de Nísia Floresta,* p. 200.

9 Adauto da Câmara, p. 57.

Tais críticas eram, visivelmente, indicadoras da ideologia dominante a respeito do lugar da mulher na sociedade.

Os comentários desfavoráveis sobre o colégio e seu programa de estudos progressivos também vinham acompanhados de ataques caluniosos à vida pessoal de sua diretora. Segundo Adauto da Câmara, sua mera presença na sociedade carioca incitou a publicação de artigos que aludiam a envolvimentos amorosos dela, tanto com amantes masculinos quanto com suas alunas. Alguns artigos de jornal da primeira metade do século XX insinuavam que a decisão tomada por Floresta, de ir embora para a Europa, talvez fosse mais uma fuga, resultado direto de tais incidentes desagradáveis. O Colégio Augusto, no entanto, aberto desde onze anos antes, não encerrou as atividades com a saída de sua idealizadora. Até 1856, esteve sob a direção de uma pessoa de quem não se guarda notícia. Daí para a frente, uma notícia no *Almanaque Laemmert* anunciava que uma ex-graduada do colégio, Lívia Augusta de Faria Rocha, a filha de Nísia Floresta, era a nova diretora do estabelecimento. E, embora Nísia tenha voltado duas vezes ao Brasil – de 1852 a 1856 e, outra vez, de 1872 a 1875 –, não há evidência de que, durante esses períodos, tivesse reassumido sua posição à frente do educandário.

Durante sua longa residência na Europa, Floresta continuou comprometida com os problemas educacionais, tendo com frequência expressado sua admiração pelas técnicas pedagógicas europeias. Ao observar, por exemplo, a cena idílica de uma mestra alemã com um grupo de meninos num parque, para o que hoje se chamaria uma excursão científico-escolar, ela recorda com saudade suas experiências anteriores, contrastando-as com o método de instrução que está presenciando. A educadora brasileira sentiu que seu próprio coração e espírito

> se harmonizavam para instruir a mocidade: apenas esta se limitava a ministrar lições entre as paredes de um estabelecimento, e em um país onde não se compreende ainda todo o alcance de uma educação geral, que forma, simultaneamente, o moral e o físico; ao passo que a mulher que ali estava diante de mim, instruía, viajando, seus alunos, cujos pais sabem apreciar as vantagens deste método, que fará rir aos espíritos ainda atrasados.[10]

10 FLORESTA, Nísia. *Itinéraire d'un Voyage en Allemagne.* Paris: F. Didot Frères, 1857. A passagem é citada em tradução portuguesa por Adauto da Câmara, p. 39.

Sabemos também, concretamente, que, a partir de 1851, Floresta passa a mandar da Europa artigos para publicação em jornais cariocas, entre os quais o *Brasil Ilustrado, O Liberal, O Diário,* o *Novo Mundo,* e o *Jornal do Comércio.* Em 1852, ela retorna da Europa, desembarcando no Rio de Janeiro no dia 10 de fevereiro, juntamente com seus dois filhos, Lívia e Augusto Américo. Em 1855, por ocasião de uma epidemia de cólera que grassou no Rio de Janeiro e que só na capital do império matou mais de 6 mil pessoas, Floresta serviu como voluntária na Enfermaria de Nossa Senhora da Conceição, à Rua da Quitanda, 40, aderindo ao movimento de solidariedade humana da sociedade carioca. Em 25 de agosto do mesmo ano e na mesma cidade, falecia, aos 75 anos, Antônia Clara Freire, sua mãe, vítima de uma pneumonia, no mesmo endereço onde funcionava o Colégio Augusto, à Travessa do Paço, 23.

No dia 10 de abril de 1856, Floresta retorna com a filha à Europa, a bordo do vapor francês *Cadix,* com destino ao Havre. O filho permanece no Brasil. Durante dezesseis anos – até 1872 – ela não voltará ao Brasil. Ao longo desse tempo, viajará sem parar pelo Velho Mundo, residindo na França e na Itália, visitando várias vezes a Alemanha, a Bélgica, a Suíça, a Sicília, a Inglaterra e, pelo menos uma vez, a Grécia. Cansando, finalmente, de tanto peregrinar, fixa-se na cidade de Ruão, na França.

Em 31 de maio de 1872, passageira do paquete inglês *Neva,* Floresta retorna ao Brasil, onde permanece até 1875. Desta vez, a filha Lívia fica em Lisboa, como preceptora dos filhos de uma família amiga. Durante essa estada no Brasil, Joaquim Pinto Brasil, irmão de Nísia, falece no Rio de Janeiro. Em 24 de março de 1875, ela volta em definitivo para a Europa. Finalmente, no dia 24 de abril de 1885, a autora veio a falecer na cidade de Ruão, também vítima de uma pneumonia, como a mãe, e com os mesmos 75 anos de idade, caso se estabeleça o ano de seu nascimento em 1810. Em 1891, seu filho, Augusto Américo de Faria Rocha, morreu no Rio de Janeiro. E, em 1911, segundo se admite, a filha, Lívia Augusta Gade, faleceu em Cannes, na França, depois de casada pela segunda vez.

As notícias da morte de Nísia Floresta não provocaram maiores comentários no Brasil. O *Jornal do Comércio,* no dia 26 de maio de 1885, e *O País,* no dia 27 do mesmo mês, publicaram a notícia da sua morte. No *Jornal do Comércio* há vários anúncios de missas celebradas em memória da autora, encomendadas por sua família e pelas alunas do Colégio Augusto, durante maio e junho, no Rio de Janeiro.[11] Nessa ocasião, o seu filho, Augusto Américo, dirigia a casa de ensino, que então funcionava "no muito saudável

11 Ver: Adauto da Câmara, p. 210 e 211, para a reprodução dos óbitos e convites para missas.

arrabalde de Engenho Novo".[12] Em 1894, no lugar do Colégio Augusto, passa a existir o Colégio Loureiro, para meninos, dirigido por Francisco Luís Loureiro de Andrade (Rua Souza Barros, 19, Engenho Novo), que disse tê--lo comprado, em 1892, de uma viúva que não deixara filhos, a esposa do falecido filho de Nísia Floresta.[13] Com a venda do Colégio Augusto e a morte de Nísia e Augusto Américo, termina o seu legado institucional no campo do ensino.

No dia 12 de outubro de 1909, no Sítio Floresta, em Papari, Rio Grande do Norte, foi erigido um monumento para Nísia Floresta, por proposta de um congresso literário e sob os auspícios do então governador do estado, Alberto Maranhão. Em 1954, o monumento é ampliado para receber os restos mortais da autora, trasladados de Ruão, na França, por iniciativa do governo brasileiro. Os despojos, levados à igreja matriz de Natal, foram guardados definitivamente no túmulo, em Papari, no dia 3 de abril de 1955, num acontecimento marcado por solenes homenagens do povo e das instituições culturais.

As muitas peripécias e andanças de Nísia Floresta põem à mostra o roteiro intelectual dessa mulher antecipadora de tempos e de ideias. Já no Recife, em 1832, entre os seus 22 ou 23 anos, ela tomou contato com o principal tratado feminista da época, *Reivindicação dos Direitos das Mulheres* [A Vindication of the Rights of Woman], de Mary Wollstonecraft. Esta obra foi publicada na cidade de Londres, em 1792, e expunha a ideia de que a verdadeira liberdade requer a igualdade entre mulheres e homens. O objetivo de Wollstonecraft era responder ao argumento de J. J. Rousseau, quando este insistia em que, educadas, as mulheres iriam perder seu poder natural sobre os homens. Replica a escritora inglesa: "É este justamente o ponto a que me dirijo: não advogo que tenham poder sobre os homens, mas sobre si mesmas".[14] Aí está a passagem-chave da obra de Wollstonecraft: as misérias e os defeitos próprios da mulher surgiram por causa da sua dependência em relação aos homens. A educação é um passo para a independência. A solução será habilitar todas as mulheres para saírem ao mundo, proporcionar-lhes a oportunidade de desenvolvimento do intelecto, para ganharem dignidade pessoal e chegarem a ser filhas mais devotadas, irmãs mais carinhosas, esposas mais fiéis, mães mais razoáveis, e melhores cidadãs. Enfim, era propósito de Mary Wollstonecraft criar um novo sujeito social: a mulher que se constitui a si mesma, como alguém que busca realizar-se.

---

12 Adauto da Câmara, p. 40.

13 Adauto da Câmara, p. 40.

14 POSTON, Carol H. (ed.). *A Vindication of the Rights of Woman.* Nova York: Norton & Co., 1975, p. 62.

O primeiro trabalho de Dionísia Pinto Lisboa foi a divulgação da obra da escritora britânica. O texto utilizado não foi o original inglês, mas a versão francesa, transposta em "tradução livre" – 56 páginas apenas – para o português, e publicada sob o pseudônimo de Nísia Floresta Brasileira Augusta, com o título de *Direitos das Mulheres e Injustiças dos Homens*. Adauto da Câmara menciona uma segunda tiragem desta obra, em Porto Alegre, e a possibilidade de ter saído uma terceira, no Rio de Janeiro.[15] Wilson Martins, com quem é preciso concordar, argumenta contra a existência dessas edições extras.[16]

É importante guardar o sucesso significativo de Nísia Floresta na disseminação das ideias de Wollstonecraft no universo da cultura brasileira. A sua afiliação inicial com as ideias utilitaristas da escritora inglesa, desenvolvidas, depois, por John Stuart Mill, coloca-a precisamente dentro da tradição do feminismo liberal. De modo paradoxal, porém, sua formação intelectual ela a recebeu pela via dos filósofos franceses do Iluminismo, tais como Rousseau, Montesquieu e Condorcet. Além disso, a familiaridade, posterior em sua vida, e a amizade íntima com Augusto Comte, o pai do positivismo, complica ainda mais a multidão de influências e tradições intelectuais subjacentes à sua obra. Esta tensão faz-se à nota específica e dominante do seu feminismo, sempre presente e fecundo, no entanto tão difícil de conciliar num conjunto unitário. Elucubrada numa emotiva linguagem romântica, esta tensão é visível principalmente no *Opúsculo Humanitário,* a coleção de 62 ensaios pedagógicos que ora se devolve à circulação.[17]

Mas, com a tradução das ideias de Mary Wollstonecraft, apenas começava o trabalho revolucionário de Nísia Floresta. De seus escritos sobre a práxis da educação brasileira, publicados no Brasil e na Europa, ressalta a preocupação pelo ensino, que ela acreditava capaz de, mudando as consciências, mudar a vida material e concreta das mulheres. Os seus estudos, que se dedicam notadamente à educação feminina, tratam da ausência da mulher no mundo, ausência que se dá diante de si mesma, e levantam a tese de que os limites e o modelos dessa educação estão determinados pelos homens, que não querem contrariar os interesses da sociedade em que têm o domínio.

Com esse espírito, Nísia Floresta publicou várias obras pedagógicas anteriores ao *Opúsculo Humanitário*. Depois dos *Direitos das Mulheres e Injustiças dos Homens,* de 1832, saíram os *Conselhos à Minha Filha,*

---

15 Ver Adauto da Câmara, p. 115.

16 MARTINS, Wilson. *História da Inteligência Brasileira.* São Paulo, Cultrix, 1977, p. 306.

17 FLORESTA, Nísia. *Opúsculo Humanitário.* Rio de Janeiro: M.A. da Silva Lima, 1853.

em 1842. Desses *Conselhos* houve mais uma edição brasileira, além de uma tradução italiana e outra francesa. Em 1847, é publicado *Fany ou o Modelo das Donzelas.*[18] Outro discurso moralista, não existente hoje, é *Daciz ou a Jovem Completa,* também de 1847, pequena lição moral de quinze páginas, dedicada às alunas do seu colégio.[19] Adauto da Câmara afirma ter manuseado o único exemplar desse folheto na biblioteca de Henrique Castriciano, em Natal, mas Mariz, dizendo ter consultado a mesma biblioteca, dá-o como perdido.[20] Ainda em 1847, aparece o *Discurso que às Suas Educandas Dirigiu Nísia Floresta Brasileira Augusta, em 18 de dezembro de 1847,* de seis páginas.[21]

Em 1849, *A Lágrima de um Caeté,* poema de 39 páginas sobre a Revolução Praieira, assinala o ingresso de Nísia Floresta no campo fechado da literatura e a obrigação de se associar o seu nome, pelo tema e pelo estilo, aos seus contemporâneos da escola romântica, como Gonçalves de Magalhães e Gonçalves Dias.[22] Nessa sequência, em 1850 aparece *Dedicação de uma Amiga,* romance histórico em dois volumes.[23]

O *Opúsculo Humanitário* levou a assinatura de B. A. e foi editado no Rio de Janeiro pela Tipografia de M. A. da Silva Lima, num volume com 178 páginas, e mais uma errata no final. Tendo aparecido inicialmente como artigos sem assinatura no *Diário do Rio de Janeiro,* a publicação foi interrompida no capítulo XX. Depois os originais foram entregues a Silva Lima, que os enfeixou em livro. Enquanto isso, *O Liberal,* de sua propriedade, transcreveu os capítulos aos dois e três a cada dia, de 7 de julho de 1853 até 21 de maio de 1854, já depois de estar o livro circulando.

Ao *Opúsculo* segue-se, em Paris, o *Itinéraire d'un Voyage en Allemagne.*[24] Em 1859, aparecem as *Scintille d'un Anima Brasiliana.*[25] Este

---

18 *Fany ou o Modelo das Donzelas* foi lançado a público em 8 de abril de 1847, assinado com o pseudônimo N. B. Augusta. É o mesmo discurso publicado por Fernando Osório, em seu livro *Mulheres Farroupilhas.*

19 *Daciz ou a Jovem Completa,* assinado por N. F. B. A., foi lançado em julho de 1847, pela Tipografia de F. de Paula Brito, no Rio de Janeiro.

20 Mariz, p. 29.

21 Este discurso foi publicado no Rio de Janeiro, pela Tipografia de F. de Paula Brito.

22 *A Lágrima de um Caeté* foi editado no Rio de Janeiro, pela Tipografia de L. AF. Menezes.

23 *Dedicação de uma Amiga,* assinado com o pseudônimo B.A., foi publicado em Niterói, pela Tipografia Fluminense, de Lopes & Cia. Inocêncio Francisco da Silva, em seu *Dicionário Bibliográfico,* explica que a obra seria composta em quatro volumes, dos quais somente dois foram publicados.

24 Este livro, assinado por Floresta Augusta Brasileira, foi editado por Firmin Didot Frères et Cie.

25 Também assinado por Floresta Augusta Brasileira, o livro foi publicado em Florença, Itália, na casa editora de Barbera, Bianchi & Cia.

livro reúne cinco trabalhos em prosa: *O Brasil; O Abismo sob as Flores da Civilização; A Mulher; Viagem Magnética;* e, finalmente, *Um Passeio aos Jardins de Luxemburgo.* Depois, como separata das *Scintille, Le Brésil* é publicado em Paris, num volume de 49 páginas.[26] Em 1861 ou 1864, conforme variam as notícias a respeito, Nísia Floresta escreve *Trois Ans en Italie, Suivis d'un Voyage en Grèce,* assinando-o como "Une Brésilienne".[27] O primeiro volume tinha 392 páginas. O segundo, de 358 páginas, vem logo depois, publicado em 1872, assinado também por "Une Brésilienne".

A última publicação, considerada como a obra mais rara de Nísia Floresta, trata-se de *Fragments d'un Ouvrage Inédit,* que é um capítulo de suas memórias, com 111 páginas, publicado com o pseudônimo de "Mme. Brasileira Augusta".[28]

Não seria de desprezar a colaboração jornalística dessa extraordinária mulher, embora seja praticamente impossível identificar tais escritos, porque, afora as iniciais B.A., ela, conforme Mariz, não raro simplesmente punha tão só três asteriscos em lugar de seu nome ou, mesmo, não assinava nada. Três artigos no jornal *Brasil Ilustrado* já foram atribuídos a ela: as "Páginas de uma Vida Obscura", "Um Passeio ao Aqueduto da Carioca" e "Pranto Filial", de 1856.

Nísia Floresta foi profundamente influenciada por quatro filosofias políticas em voga na metade do século XIX e pelas ideias daí decorrentes, a saber: a filosofia do Iluminismo, o idealismo romântico, o positivismo e o utilitarismo.

Como representante da filosofia iluminista, que influiu mais tarde no pensamento romântico, Rousseau, ao elaborar o seu modelo de cidadania, parecia tão preocupado com a igualdade de direitos quanto aparecia desinteressado, visivelmente, em criar um espaço para a participação das mulheres na esfera pública.[29] Como desdobramento, por sua vez, do pensamento iluminista, o ideal romântico da feminilidade independente viu nos poderes do amor um paradigma para a reforma político-social. Segundo

26 *Le Brésil* foi publicado pela Librairie André Sagnier.

27 O primeiro volume foi publicado em Paris, por E. Oentu. O segundo volume é da mesma editora.

28 Os *Fragments* foram publicados em Paris, por A. Chérie, em 1878. Dão-se como perdidas as seguintes obras de Nísia Floresta, anotadas por ordem de data de publicação: *Direitos das Mulheres e Injustiças dos Homens* (1832), *Daciz ou a Jovem Completa* (1847), *Dedicação de uma Amiga* (1850), e *Inspirações Maternas*, de data desconhecida.

29 Para uma estimulante apreciação do modelo de cidadania em Rousseau e sobre as possibilidades de uma leitura feminista desse modelo, vide CANOVAN, Margaret. Rousseau's two Concepts of Citizenship. *In*: KENNEDY, Ellen; MENDUS, Susan (eds.). *Women in Western Political Philosophy.* Nova York: St. Martir Ts Press, 1987. p. 78-105.

os românticos, a reforma da sociedade começaria nos centros da vida privada. Do ponto inicial de boas relações em que os indivíduos alcançassem uma nova compreensão de si mesmos, as modificações se difundiriam para o quadro mais amplo da sociedade.[30] Daí que a hierarquia de valores românticos igualmente não tivesse em alta estima uma postura política por parte da mulher. Somente mais tarde, com o desenvolvimento do utilitarismo, ela passaria a ser objeto de interesse no domínio da política.

Antes do advento do utilitarismo, entre 1820 e 1826, haviam aparecido os *Opuscules,* de Augusto Comte, que representam a primeira etapa de suas obras principais. É improvável que seja mera coincidência a repetição do termo no título do *Opúsculo Humanitário,* de Nísia Floresta. Com efeito, já por volta de 1851 se havia estabelecido a familiaridade da autora com Comte quando, durante sua primeira permanência de três anos em Paris, havia assistido a uma das conferências do filósofo francês sobre "A História Geral da Humanidade". Ao voltar à Europa em 1856, ela presenteou Comte com uma cópia do seu *Opúsculo,* assim apreciado por ele numa carta a Pierre Lafitte, datada de 30 de setembro de 1856:

> Desde que fiquei inteiramente livre, fiz as leituras excepcionais que espontaneamente prometera. O *Opúsculo* em português, além de revelar-me que eu sabia indiretamente mais uma língua, inspira-me sólidas razões para esperar se torne a nobre dama, sua autora, dentro em breve, uma digna positivista, susceptível de alta eficácia para a nossa propaganda feminina e meridional.[31]

Embora Nísia Floresta talvez não tenha realizado todas as esperanças de Augusto Comte quanto à disseminação da doutrina positivista no Brasil, mais tarde em sua carreira chegaria a situar-se plenamente no domínio do pensamento comtiano. As suas primícias como escritora sugerem que já se inclinava a essa tendência, mas traziam ainda colorações das correntes filosóficas anteriores.

Os *Opuscules* de Comte, descrição e análise de um momento da história europeia, concluem que nem a revolução nem a ciência podiam efetuar a reorganização da sociedade. Essas mudanças mais profundas ocorreriam somente por meio de uma síntese das ciências e com a criação de uma política positiva.[32] Comte viu a difusão do pensamento científico e a

---

30 VOGEL, Ursula. Humboldt and the Romantics. *In*: KENNEDY, Ellen; MENDUS, Susan (eds.). *Women in Western Political Philosophy,* 1987, p. 121.

31 Ivan Lins, p. 20.

32 ARON, Raymond. *Main Currents in Sociological Thought 1.* Nova York: Doubleday, 1968, p. 75-80.

atividade industrial como uma contradição ao pensamento teológico e militar do passado. Para ele, a única maneira de superar essa crise seria criar uma nova ordem social que valorizasse o pensamento científico. Nesse rumo elaborou o seu sistema de ideias científicas, que, segundo acreditava religiosamente, iria presidir à reorganização geral da sociedade.

No conjunto de suas ideias, Comte enfatiza a igualdade das relações familiares: uma relação de veneração entre os filhos e os pais; e uma complexa relação de autoridade ou obediência entre o esposo e a esposa. No entanto, a autoridade do homem é inferior, porque é uma atividade intelectual, enquanto que o poder espiritual da mulher – o poder do amor –, ao parecer inferior, é essencial para a família e, portanto, muito mais nobre. De acordo com essa estrutura familiar, o lugar da mulher como esposa submissa e como mãe dedicada lhe permite alcançar um estado de superioridade moral; o cultivo dessa posição da mulher dentro da família, Comte o desenvolveu, com o tempo, até o ponto de transformar o positivismo numa religião que celebrava a virtude feminina. Essa visão da igualdade está baseada na diferenciação das funções e das naturezas. Ao mesmo tempo, observa Aron, na família "[...] são os homens os que têm a experiência da continuidade histórica, os que aprendem qual a condição da civilização, os que controlam a transmissão da civilização de uma geração para outra".[33]

Por outra parte, a visão utilitarista dos direitos políticos iguais, tais como as expuseram Wollstonecraft, Stuart Mill e Bentham, enfatizou o conceito de que as diferenças entre os sexos não são naturais, mas sociais, e, portanto, estão sujeitas à mudança, quando se objetiva a reforma da sociedade. Intimamente associada com esse ponto de vista estava a consciência, por parte dos utilitaristas, de que as mulheres não podiam realizar suas capacidades nas íntimas relações pessoais, enquanto não fossem reconhecidas como pessoas iguais na esfera pública.[34]

A perspectiva de Nísia Floresta sobre as mulheres e sobre a possível reforma da sociedade brasileira parece assimilar, de modo eclético, elementos dessas quatro correntes de pensamento anteriormente referidas. De uma ou outra forma visíveis no conjunto da produção escrita da autora, o *Opúsculo Humanitário,* de maneira especial, reflete uma tensão básica entre duas dessas filosofias. Por uma parte, Nísia Floresta era prisioneira de certos modos tradicionais de pensar a respeito da mulher, por ela herdados do Iluminismo e do Romantismo; por outra parte, estava tentando libertar-se desses paradigmas mais tradicionais e abraçar as novas filosofias, mais liberais, que iam fazendo o ambiente da metade do século XIX. O próprio pai do positivismo percebeu

33 Aron, p. 111.
34 Vogel, p. 122.

essa ambiguidade e esse conflito no centro mesmo do pensamento da autora. Numa carta ao dr. Audiffrent, datada de 29 de março de 1857, ele expõe a conveniência de ter Nísia Floresta e sua filha, de 22 anos, como possíveis discípulas de sua doutrina e como participantes potenciais do salão positivista que ele espera abrir dentro de pouco. E comenta:

> Ambas são eminentes pelo coração e suficientes quanto ao espírito. Acha-se, contudo, a mãe de tal modo imbuída dos hábitos do século XVIII, que pouco devemos esperar da plenitude de sua conversão, embora as suas simpatias remontem ao meu curso de 1851, cuja influência ela não pôde, entretanto, receber senão através de uma única das sessões... Sua filha, porém, comporta uma incorporação completa, que a mãe secundará sem rivalidade disfarçada.[35]

Essa contradição, Nísia Floresta a conservava, enquanto evoluía para uma aceitação mais completa das doutrinas filosóficas de Augusto Comte.

Alison Jaggar, na crítica que faz das epistemologias ocidentais, afirma que os valores morais básicos da filosofia liberal fundamentam-se na presunção de que todos os indivíduos, sem exceção, são dotados de razão.[36] Essa afirmação, situada na perspectiva do século XX, não evidencia mais a sua marca polêmica. Esse era, no entanto, um conceito revolucionário na época de Nísia Floresta, se considerarmos que nele as mulheres simplesmente não estavam incluídas. Tal noção remonta, na filosofia ocidental, à ideia de Aristóteles, de que as mulheres são seres humanos incompletos e insuficientes por natureza, pertencentes a uma ordem completamente distinta da dos homens. Daí que se considerasse a subordinação da mulher como algo "natural", portanto indiscutível, já que socialmente mascarada. É precisamente esse conceito, associado à desvalorização da mulher na relação com o divino, que constitui a metáfora fundamental sobre que se erigiu a civilização do Ocidente.[37] Segundo a tradição ocidental, os pressupostos básicos sobre o conceito de mulher resumem-se nas quatro seguintes asserções: primeiro, a natureza biológica feminina dita e justifica a falta de categoria da mulher; segundo, a natureza psicológica feminina é mansa, submissa, emocional e, logo, irracional; terceiro, a mulher deve estar confinada ao lar e à vida doméstica; e, quarto, a mulher serve para criar os cidadãos, mas não serve

35 Lins, p. 21.

36 *Feminist Politics and Human Nature.* Totowa, Nova Jersey: Rowman & Ailanheld Publishers, 1983, p. 33.

37 LERNER, Gerda. *The Creation of Patriarchy.* Nova York: Oxford University Press, 1986, p. 10.

para ser ela mesma cidadã.[38]

Era, pois, revolucionária, na época de Nísia Floresta, a ideia veiculada pela filosofia liberal de que todos os seres humanos são entes racionais, sem distinção de sexo. Floresta orienta a sua análise à questão do potencial e da utilidade da mulher brasileira na sociedade, com vista, principalmente, à reforma da consciência nacional, para a qual teria mais valor a autonomia de cada indivíduo. Do positivismo e do utilitarismo provêm algumas ideias-mestras que ela incorporou à sua crítica: por exemplo, a ideia de utilidade, o conceito de ser a natureza feminina igual à do homem, a da atuação da mulher na esfera pública, e a de desenvolver e aproveitar a habilidade intelectual da mulher para edificar uma sociedade melhor e fortalecer as relações familiares. Tais ideias, em verdade, constituem a base ideológica, o próprio fundamento estrutural das mudanças propostas para a sociedade brasileira no *Opúsculo Humanitário*. Nada a surpreender, em consequência, que a opção abolicionista, republicana, indianista e feminista de Floresta fosse assacada por seus críticos conservadores como uma acusação contra ela. Quase um século depois, porém, Adauto da Câmara identifica os verdadeiros objetivos do feminismo de Nísia Floresta:

> Floresta tinha o mérito de ser desinteressada no seu feminismo: não tinha empregos em mira, não pretendia prestígio político visando arranjos para os parentes: não se batia pela elevação social da mulher como um pretexto para se fazer notar, para obter gordas comissões na Europa, ou cadeira de deputado. Era verdadeiramente um idealismo são que lhe inspirava a luta pela educação da mulher e pela extinção de sua inferioridade.[39]

Como observa esse estudioso, em vez de seu engrandecimento pessoal, Floresta estava sinceramente interessada em apresentar propostas de reformas sociais abrangentes que valorizassem os direitos e a autonomia individual, baseadas no postulado filosófico de que a inferioridade do sexo feminino é uma mera construção cultural, e que a mulher e o homem são dotados, por igual, da mesma natureza humana.

No artigo 32 da proposta da Constituição Nacional de 1823, garantia-se a todos os cidadãos a educação primária pública. Na realidade, porém, "todos os cidadãos" eram os filhos e não as filhas dos homens livres. Heleieth Saffioti assinala que havia um projeto de lei para outorgar uma comenda

38 KENNEDY, Ellen; MENDUS, Susan (eds.). Introduction. *In*: KENNEDY, Ellen; MENDUS, Susan (eds.). *Women in Western Polilical Philosophy,* 1987, p. 3.

39 Bibliografia de Nísia Floresta, p. 89-90. Vide Nota 2.

por elevados serviços prestados à nação e uma condecoração com a Ordem Imperial da Cruz para o cidadão que apresentasse "o melhor tratado sobre a cultura e a educação física, moral, e intelectual da mocidade brasileira"; com base na proposta de um dos delegados, o projeto de lei foi emendado para se ler: a mocidade brasileira "de um e outro sexo".[40] Não obstante, antes que se aprovasse o projeto de lei, omitiu-se o acréscimo da frase liberal que incluiria as mulheres. Isso já serve para dar uma ideia de qual seria o significado prático do artigo 32, antes mencionado: na Constituição outorgada de 1824 declara-se simplesmente que "a educação primária é gratuita para todos os cidadãos". Sendo assunto de legislação ordinária, ao quadro legislativo de 1826 estava cometida a tarefa de redigir em seus pormenores as leis sobre a educação nacional. O projeto de lei que tratava da organização da educação primária pública no Império, e subscrito por vários deputados, declara o seguinte:

> Haverão *(sic)* escolas de primeiras letras, que se chamarão pedagogias, em todas as cidades, vilas e lugarejos mais populosos do Império. [...] Serão nomeadas mestras de meninas e admitidas a exame, na forma já indicada, para cidades, vilas e lugarejos mais populosos, em que o presidente da província, em conselho, julgar necessário este estabelecimento, aquelas senhoras que, por sua honestidade, prudência e conhecimentos, se mostrarem dignas de tal ensino, compreendendo também o de coser e bordar.[41]

Uma lei de 1827, ao mesmo tempo que garantia às mulheres o direito da educação, foi usada sintomaticamente como instrumento de discriminação. Essa lei estabelecia programas de estudos distintos para os colégios primários de varões, limitando às quatro operações fundamentais o ensino da aritmética às mulheres, e excluindo a geometria. Acontecia, porém, que no pagamento dos salários a mestres e mestras, o critério de diferenciação dos valores se baseava no conhecimento da geometria, de modo que, ao final das contas, as mestras terminavam ganhando menos.[42] Além do mais, as mulheres tiveram

40 *Annaes do Parlamento Brasileiro,* Assembleia Constituinte, 1823, Tipografia do Imperial Instituto Artístico, Rio de Janeiro, 1872, Sessão de 11 de agosto de 1823. Citado por SAFFIOTI, Heleieth. *A Mulher na Sociedade de Classes: Mito e Realidade.* São Paulo: Livraria Quatro Artes Editora, 1969, p. 203.

41 *Annaes do Parlamento Brasileiro,* Câmara dos Deputados, Sessões de 1826 a 1834, Tipografia do Imperial Instituto Artístico, Rio de Janeiro, sessão de 16/6/1826. Citado em Saffioti, 1969, p. 203.

42 Saffioti, 1969, p. 205.

a sua instrução limitada ao nível das "pedagogias", ou seja, aos quatro anos de estudos primários, enquanto que aos varões se reservava o privilégio de ascenderem aos graus mais elevados do ensino (liceus, ginásios, academias). O programa de estudos das escolas femininas tinha os seus interesses centrados nas artes da costura, em vez de se preocupar com a instrução acadêmica. Os próprios pais costumavam retirar as filhas da escola mal estas aprendiam a costura, para evitar que aprendessem a ler, escrever e contar.

Essa lei de 1827 tinha, em todo caso, uma vantagem: ao propor a centralização do ensino, acenava com a possibilidade de uma escolaridade básica, uniforme e universal. Entretanto, o Ato Adicional de 1834 transferiu às Assembleias Provinciais o poder de legislar sobre a educação pública primária, reservando ao governo central a responsabilidade sobre o ensino secundário e superior. Essa medida seria desastrosa para a educação das mulheres. Como assinala Saffioti:

> A emenda constitucional de 1834 conferia, num país de analfabetos, maior importância aos estudos mais avançados do que àqueles sobre os quais se assentaria o desenvolvimento social e econômico da nação. A formação da mentalidade nacional correria, daí por diante, por conta das iniciativas provinciais, cuidando a União exatamente daquela educação cujos destinos seriam o da diversificação regional.[43]

Dentro desse contexto cultural, a aparição de um livro como o *Opúsculo Humanitário* haveria de constituir uma anomalia.

A educação como meio de superação do problema da inferioridade feminina é o enfoque de maior relevo no *Opúsculo Humanitário*. Mesmo que o livro não revele nenhuma divisão estrutural externa, tem, contudo, uma organização temática interna que se constrói ao redor dos seguintes temas: as condições universais da mulher através da história; a superioridade da educação da mulher europeia; a situação da mulher no Brasil; recomendações para mudar essa situação; e finalmente uma expressão de esperança para o futuro.

Os dezessete primeiros ensaios do *Opúsculo Humanitário* traçam a evolução das condições femininas desde os tempos mais remotos no Egito, na Pérsia, na Índia, na Babilônia, na Grécia e em Roma, até chegar, no século XIX, à Alemanha, à França, à Inglaterra e aos Estados Unidos. Logo Nísia Floresta considera o lugar da mulher na sociedade. Ela viu as mulheres

---

43 Saffioti, 1969, p. 206-207.

europeias como úteis membros da sociedade, como magníficas educadoras dos jovens, tanto em casa quanto nas escolas, além de companheiras inteligentes de seus maridos. Em contraste, as mulheres brasileiras não podiam comparar-se, nem na fortaleza de caráter nem na moralidade, com suas irmãs europeias e norte-americanas, porque eram vítimas do preconceito e da opressão duma existência enclausurada, do analfabetismo, e serviam só para a procriação. Reveladoras das atitudes prevalecentes à época são estas palavras de um ex-governador da província de Minas: "Deve-se ensinar às meninas tudo quanto convém que saiba uma mulher, que tem de ser criada de si e de seu marido".[44]

Depois de denunciar essas condições imperantes na sociedade brasileira, a autora prossegue a apresentar propostas de mudança. Uma reforma educacional compreensiva, tanto no setor privado como no público, é condição *sine qua non* para a reestruturação da sociedade brasileira. Aqui recordamos a opinião de Comte de que a reforma intelectual é pré-requisito da reforma social. Concordando com Comte, Nísia Floresta insiste:

> É partindo desta experiência que tiramos a conclusão de que, no Brasil, não se poderá educar bem a mocidade enquanto o sistema de nossa educação, quer doméstica, quer pública, não for radicalmente reformado (p. 132).

Floresta reconhece que a opressão da mulher é criada pelos homens para seu próprio proveito e que logo eles a usam para que se reforce e se perpetue. Em outras palavras, às mulheres é negado o acesso à educação, e rapidamente elas são excluídas de participar na esfera pública devido à sua falta de educação. A justificação de tal opressão provém da tradição da filosofia antiga, a qual descreve a mulher como particularista, emocional e intuitiva, ao contrário do homem, que se considerava universal, racional e reflexivo. À mulher é relegado o lado negativo dessa dicotomia, já que é escrava de suas emoções, naturalmente submissa e servil.

Floresta considerou a cultura e as sociedades do norte da Europa superiores a suas contrapartes brasileiras, advogando a emulação daquelas culturas e o estudo dos costumes das mulheres. Conforme suas palavras:

> Copiemos antes de tudo a educação que naqueles países se dá à mocidade. Imitemos principalmente os ingleses no respeito à religião e à lei, os alemães no hábito de pensar e no empenho de elevarem-se acima de todos os povos pelo

44 *Opúsculo Humanitário*, p. 132 da presente edição. Todas as futuras citações da presente edição estão incluídas no texto.

> estudo e pela reflexão, os franceses em seu espírito inventor e em suas generosas inspirações civilizadoras: a todos, no gosto pelo trabalho e no desejo sempre progressivo de engrandecerem-se por seu engenho e atividade (p. 125).

Ela admira especialmente as inglesas por seu espírito de ordem, por sua convicção dos direitos individuais e pela inclusão da mulher em sua própria definição de individualidade. Na opinião de Floresta, as inglesas são ainda mais distinguidas que as mulheres de outros países europeus, porque:

> Gravando-se-lhe no espírito, quase logo ao sair do berço, a consciência de sua própria dignidade, ela compreende muito cedo a nobreza do sexo a que pertence e a importância do cumprimento de seus deveres (p. 59).

Os brasileiros haviam herdado dos portugueses o costume muçulmano de pôr debaixo de chave as mulheres, de rodeá-las com escravos, e de abandoná-las na ociosidade e na ignorância. Mas as inglesas jamais tiveram que ser vigiadas na ausência dos pais e esposos. Portanto, como lembra a autora, o componente religioso-moral da educação também é distinto porque confere à mulher a oportunidade de respirar a atmosfera da sinceridade, a liberdade e a independência que caracterizam o espírito da nação britânica em geral.

Um panorama breve das condições gerais da educação brasileira na época em que Floresta desempenhava suas atividades pedagógicas iluminará algumas das razões que levaram a autora a propor ideias sobre a reforma educacional. Um indício da pouca importância que se dava a essa educação é o fato de que dos 55.500 jovens que estavam matriculados no Brasil em 1852, quando a autora se preparava para publicar o *Opúsculo Humanitário,* somente 8.443 eram mulheres, instruídas em escolas de precárias condições (p. 108). As mestras eram elas mesmas mal-educadas e, segundo Nísia Floresta, o programa de estudos de tais escolas visava, literalmente, à arte da sedução e aos deveres domésticos.

Contemplando a educação brasileira como completamente deficiente desde a base, Floresta acreditou que o componente religioso-moral do sistema inglês continha os princípios fundamentais que deveriam servir de inspiração à reforma educacional brasileira. Se a religião e a moralidade fossem a causa final da educação, as mulheres seriam instruídas no desenvolvimento da verdadeira virtude desde a tenra idade. A educação religiosa moral, vista assim, é uma cadeia indestrutível que vincula a mulher a seus deveres. Floresta compara a mulher sem religião a uma flor formosa, mas de olor repugnante, uma flor que somente de longe se podia admirar. A religião reforça as naturais qualidades femininas, sustenta e consola a mulher nas circunstâncias mais difíceis de sua vida, é uma bússola invariável que lhe indica seus deveres e a leva a cumpri-los. Lamentavelmente, a educação religiosa, tal como se levava a efeito no Brasil da época, também deixava a desejar e é criticada pela autora. A moralidade relaxada do clero brasileiro, seu comportamento depravado e seus costumes preguiçosos são indicadores do estado geral de decadência do Brasil na metade do século XIX.

Um dos objetivos fundamentais da educação moral-religiosa superior haveria de ser ensinar às mulheres a instruir os seus filhos e a assumir os seus deveres naturais de mães. Nísia Floresta crê que esta é a contribuição principal da mulher à esfera privada, especialmente à luz das condições deploráveis encontradas nas escolas da época:

> Uma mãe bem-educada e suficientemente instruída para dirigir a educação de sua filha obterá sempre maiores vantagens, aplicando-se com terna solicitude a inspirar-lhe como emulação o sentimento da própria dignidade, que qualquer diretora não conseguiria obter de suas educandas (p. 117).

Seria errôneo, porém, pensar que a plataforma de Nísia Floresta fosse somente para o benefício das mulheres da classe alta. Ela também se preocupa e se inquieta com as condições da mulher da classe pobre, da crescente classe média, da escrava africana, assim como da indígena:

> É, portanto, em favor de todas as mulheres brasileiras que escrevemos, é a sua geral prosperidade o alvo de nossos anelos, quando os elementos dessa prosperidade se acham ainda tão confusamente marulhados no labirinto de inveterados costumes e arriscadas inovações (p. 148).

A autora observa a condição da mulher da camada trabalhadora, verdadeiramente oprimida, devido à falta de acesso à educação, o que resulta em sua desvantagem tanto econômica quanto culturalmente. Ela divide, com efeito, a sociedade brasileira em duas classes: a rica e a pobre, encarando o crescimento da classe obreira como um passo importante no caminho da independência feminina:

> Se se instituísse uma classe pública de operárias em toda a sorte de trabalhos, oferecer-se-ia a uma parte das famílias desvalidas do Brasil não somente um meio seguro de as livrar da miséria, mas ainda de habilitá-las para um futuro que não está longe (p. 149).

Essas escolas serviriam para preparar a mulher para uma vida financeiramente independente, dando-lhe os meios para que pudessem ter uma profissão autônoma. É interessante observar que Floresta se refere aqui a uma classe pública de operárias, conceito totalmente novo no Brasil da época, ainda que proveniente das ideias então em voga no continente europeu. No entanto, notemos que no caso brasileiro ela amplia esse conceito para incluir também o sexo feminino, vendo que o crescimento da classe obreira seria um passo importante para a independência feminina.

À contraparte da mulher urbana, à "cabocla" ou mulher índia, ela a define como "dessa interessante e infeliz porção da humanidade que se tem de mais em mais entranhado em nossas florestas, ou vive aqui e ali dizimada em mesquinhas e desorganizadas aldeias" (p. 158). Contudo, Floresta considera os costumes das índias como lição de humildade para a sociedade brasileira. Embora não fossem tocadas pela moralidade da educação religiosa, as índias haviam sido modelo de virtude e de heroísmo em períodos de paz e de guerra. Companheiras fiéis e submissas a seus maridos, jamais deficientes de espontaneidade, essas mulheres se afanavam dentro e fora do lar. A autora as elogia também como mães:

> Ide vê-las, hoje mesmo, como nós as vimos, nos restos de algumas aldeias, ao norte e ao sul do Rio de Janeiro, desenvolverem, no estado intermediário do selvagem e do civilizado, ligadas dia e noite a seus filhinhos por mais fortes vínculos de natural afeição do que muitas mães da nossa sociedade, não os deixando, como muitas destas, em seio estranho, alguma vez mesmo enfermos, para irem tomar parte nos prazeres do mundo, ou satisfazerem uma etiqueta da sociedade (p. 162).

Nem participaram jamais as índias no costume de negar a seus filhos o leite de seus seios, como faziam as brasileiras, que permitiram a seus bebês mamarem "leite impuro" que vai contaminando "o físico como o moral" (p. 118). Nísia Floresta comenta até o costume da fidelidade conjugal entre as índias, apontando--as como modelos morais, e citando a falta do adultério entre os indígenas.

Em contraste com as índias, a brasileira típica parece ser vazia, ociosa, preguiçosa e imoral. Entretanto, como Floresta observa, se a inteligência não tivesse sexo, se a debilidade física feminina não fosse uma justificação conveniente para proibir-lhe de receber iguais oportunidades de educação, então, dadas as condições apropriadas, logo as mulheres seriam mais úteis à sociedade. Contudo, Floresta estabelece limites a sua teoria:

> Não compartindo a doutrina de Helvécio sobre a igualdade da inteligência em todos os homens, sabemos que todas as mulheres não podem ser igualmente instruídas, ainda mesmo quando a todas se proporcionasse os meios de cultivar o seu espírito. O que pretendemos é possível, justo e de rigorosa necessidade, isto é, que todas sejam bem-educadas em suas respectivas situações (p. 94).

Tendo em mente essas limitações, Floresta prognostica o resultado da educação de suas compatriotas: "Melhor educação, destino mais digno delas" (p. 169).

Os jovens brasileiros cresceram expostos às duplas influências decadentes de um sistema de escravidão em que aprenderam, por exemplo, a imitar o comportamento negativo não somente dos senhores, mas também dos mesmos escravos. Devido às condições abjetas em que viviam os escravos e à ignorância em que os deixou a sociedade, muitas vezes estes se viram obrigados a recorrer a atividades criminosas para sobreviver. Floresta recomenda que as meninas de famílias endinheiradas sejam enviadas para os melhores colégios, nos quais os seus estudos sejam regulados por um horário específico e onde não presenciem os males inerentes ao sistema escravagista, cláusula, segundo a autora, "essencialmente necessária para o bom resultado da educação" (p. 117).

Vimos como Floresta incorporou certos conceitos positivistas e utilitários a seu pensamento publicado. No entanto, quanto à questão do determinismo biológico e ambiental, ela era mais ambivalente. Apenas em parte a autora aderiu ao cânon determinista. Aceitando a crença de sua época, de que a natureza humana foi determinada pela história e pelo ambiente – os agentes temporais, sociais e culturais que formaram o homem –, ela rechaçou, porém, o terceiro fator no triunvirato determinista: a raça, aí incluído o determinante biológico, genético. Porque, obviamente, um indivíduo não deve considerar-se incompleto, imperfeito, nem inferior, simplesmente porque lhe coube a sorte de nascer mulher. No entanto, Nísia Floresta viu claramente que dos três fatores deterministas, o único que se podia mudar era o ambiente.

A sociedade – o ambiente – poderia ser transformada e melhorada por meio de uma educação correta, a que deviam ter acesso todos os seres humanos.

Na peroração a seus compatriotas, a autora olha para adiante, para o futuro da América do Sul, para o dia em que as mulheres sejam completamente integradas à sociedade, como verdadeiros sujeitos. Nísia Floresta se dirige aos pais, aos governantes e a seu povo, e lhes pede que ponderem a seguinte questão:

> Não vos diz a consciência que a mulher nascida nesta vigorosa terra superabundante de magnificências naturais, respirando sob um céu radiante, no meio da poesia de tão admirável natureza, não se pode limitar ao papel que tem até hoje representado? (p. 159).

A exortação utópica de Floresta culmina com uma súplica emotiva de que se eduque a mulher para prepará-la nessa caminhada: "Educai, para isto, a mulher e com ela marchai avante, na imensa via do progresso, à glória que leva o renome dos povos à mais remota posteridade!" (p. 171).

Esta nota de esperança no pedido final do *Opúsculo Humanitário* antecipa o binômio positivista "ordem e progresso" (que depois se transformará em ordem de comando na ideologia republicana brasileira) e mostra como, sem maiores contatos e impregnações, até então, da filosofia comtiana, Nísia Floresta já havia elaborado por seu próprio esforço uma síntese pessoal que iria, sem maiores surpresas, desaguar e ampliar-se ao contato mais próximo com o pensamento positivista.

Cem anos depois, a experiência de Nísia Floresta como pedagoga e escritora, como sujeito comprometido com a produção do significado, da representação, e da representação de si mesma, pode vincular-se com o projeto da teoria feminista. Porque esta se constitui como "uma reflexão sobre a prática e a experiência; uma experiência em que a sexualidade é ponto central porque determina, por meio da identificação do sexo, a dimensão social da subjetividade feminina, a experiência pessoal da sua sexualidade e uma prática dirigida primeiro ao enfrentamento dessa experiência e à mudança concreta, material e consciente da vida das mulheres".[45]

Vista por essa perspectiva, a obra de Nísia Floresta teoriza a prática política de uma específica realidade social, e rearticula essa realidade sob o prisma da experiência histórica das mulheres. Afinal, o sumo do seu projeto é interceder pelas mulheres, desenredar a contradição em que vivem as mulheres – e ajudar cada uma a se fazer *mulher*.

---

45 LAURETIS, Teresa de. *Alice Doesn't*. Bloomington: Indiana University Press, 1984, p. 184.

[illegible]

A MEU QUERIDO IRMÃO JOAQUIM PINTO BRASIL[46]

Tu, cujo espírito superior distingue, aquilata e deplora os erros que por aí se preconizam, e, apoiado à coluna da filosofia, vê em silêncio passar as legiões de combatentes e combatidos das ideias que vogam; tu, cujo bom senso, fugindo à inconstante atmosfera política que tanto faz variar os homens, continua enérgico e perseverante na onerosa e nobre carreira que ambos encetamos lá desde o albor da juventude; tu, digo, compreenderás, lendo estes reflexos de um coração sempre dedicado à educação de nossa mocidade, o interesse que ela me inspira ainda lutando com o mal físico que me oprime depois de minha volta da Europa.[47]

Aceita, pois, este imperfeito trabalho meu, e dá-lhe um dia, tu que és o pai de sete filhos e diriges uma porção dessa mocidade, o desenvolvimento que julgares merecer o objeto que o inspirou a:

Tua amiga da infância
B. A.[48]

---

46 Joaquim Pinto Brasil (1819-1875) teve, sob muitos aspectos, formação precoce: ingressando na Faculdade de Direito de Olinda com apenas 14 anos, logo também passou ao exercício do magistério. Em 1841 já se encontrava no Rio, onde deixou nome como educador. Tendo se casado, ainda estudante, com uma pernambucana, com ela teve onze filhos. A sua irmã muito o apreciava como filósofo, cognominando-o familiarmente "o Sócrates brasileiro".

47 Floresta retomou ao Rio de Janeiro, de sua primeira viagem à Europa, em 10 de fevereiro de 1852. Antes de fazer funcionar o seu Colégio Augusto na capital do Império, em 1838, já desenvolvera atividades pedagógicas em Porto Alegre, desde a primeira metade da década de 1930.

48 B.A. (abreviação de Brasileira Augusta*)* é um dos pseudônimos de Nísia.

OPÚSCULO HUMANITÁRIO

I

Enquanto pelo velho e novo mundo vai ressoando o brado – emancipação da mulher –, nossa débil voz se levanta, na capital do império de Santa Cruz,[49] clamando: educai as mulheres!

Povos do Brasil, que vos dizeis civilizados! Governo, que vos dizeis liberal! Onde está a doação mais importante dessa civilização, desse liberalismo?

Em todos os tempos, e em todas as nações do mundo, a educação da mulher foi sempre um dos mais salientes característicos da civilização dos povos. Na Ásia, esse berço maravilhoso do gênero humano e da filosofia, a mulher foi sempre considerada como um instrumento do prazer material do homem, ou como sua mais submissa escrava: assim, os seus povos, mesmo aqueles que atingiram ao mais alto grau de glória, tais como os babilônios, ostentando aos olhos das antigas gerações suas admiráveis muralhas, seus suspensos e soberbos jardins, suas colunatas de pórfiro, seus templos de jaspe, com zimbórios de pedras preciosas elevando-se às nuvens, obras que até hoje não têm podido ser imitadas, esses povos tão poderosos, dizemos, permaneceram sempre em profunda ignorância dessa civilização que só podia ser transmitida ao mundo pela emancipação da mulher, não conforme o filosofismo dos socialistas, mas como a compreendeu a sabedoria divina, elevando até a si a mulher, quando encarnou em seu seio o Redentor do mundo.

---

49 A autora começa lembrando as tradições cristãs do Brasil, para colocá-las em contraste com a condição da mulher brasileira.

As Déboras,[50] as Semíramis,[51] as Judites[52] se mostraram embalde, atestando, aquela, a graça de que a tocara Deus, permitindo-lhe revelar aos homens alguns de seus mistérios; estas, uma razão esclarecida, uma coragem rara, que provavam já então não ser a mulher somente destinada a guardar os rebanhos, a preparar a comida, e a dar à luz sua posteridade.

50 Personagem bíblica (Juízes, IV e V): Débora foi a profetiza que, ajudada por Barac, libertou o seu povo do domínio cananeu.

51 Semíramis – nome helenizado de Sammu-ramal – é figura em que se confundem a história e a lenda. As narrativas de Heródoto e Dionísio Sículo dão-na como tendo governado a Assíria por 42 anos, durante os quais anexou muitas terras ao seu domínio e construiu obras fabulosas, como os Jardins Suspensos da Babilônia, uma das sete maravilhas da Antiguidade. Para outros, não é mais que uma variação do nome de Astarte, divindade que os gregos chamavam de Afrodite Urânia e os romanos de Vênus Celeste. Ao tempo em que Nísia Floresta escrevia esta passagem, o tema de Semíramis retornava à lembrança através da ópera em dois atos de Rossini (1825), célebre por sua abertura.

52 Judite, personagem do livro do mesmo nome, na Bíblia, foi a heroína que livrou a cidade de Betúlia das tropas de Nabucodonosor, ao cortar a cabeça do comandante Holofernes, enquanto este dormia.

II

O Egito, com as suas maravilhosas pirâmides e todos os admiráveis documentos com que o enriqueceram os faraós, os Ptolomeus e o seu mais famigerado conquistador, Sesóstris,[53] cujas proezas encheram seu século de assombro e os povos de terror, imitou, com o resto da África, toda a Ásia na apreciação da mulher. Também o Egito jazeu sempre submergido, apesar da profunda sabedoria de seus sacerdotes, em completa ignorância a respeito da educação que convém à mulher. Seus hieroglíficos, suas curiosas múmias, e todos os fragmentos de sua admirável e extinta grandeza, e conhecimentos que os sábios arqueólogos modernos[54] com tanta perseverança estudam, não revelam que a inteligência da mulher fosse aí devidamente cultivada.

A beleza física, entre esses povos, era o único mérito real da mulher, e, ainda assim, aquela que a possuía entrava em concorrência com outras e devorava depois, como nos tempos presentes, torturantes amarguras no fundo dos serralhos e dos haréns. Essa nobre porção da humanidade ainda é hoje, para opróbio daqueles povos, sujeita à aviltante lei da poligamia.

Os Ciros, os Nabucodonosores, os Xerxes, os Alexandres, os Danos[55] etc., que tiveram o poder de assolar e subjugar com seus numerosos exércitos tantas nações diversas, não compreendiam em seu furor de conquista que, conservando no embrutecimento o sexo que os alimentara, privavam-se de maior glória do que lhes davam suas armas.

---

53 Nome helenizado de três faraós da 12ª dinastia egípcia – a quem os gregos (Heródoto, Diquearco, Aristóteles) parecem haver tomado como uma só pessoa – e que, juntos, se associam àqueles poucos que, na história, chegaram a dominar todo o mundo então conhecido.

54 Tendo-se em mente a data do *Opúsculo,* recorde-se que foi em 1822 que Jean François Champollion (1770-1832) deu como descobertos os hieróglifos da Pedra de Rosetta.

55 Os nomes não estão no plural apenas por efeito literário. Os nomes de Ciro, Dario e Nabucodonosor referem-se, de fato, a mais de uma figura histórica. As mais famosas são Ciro, o Grande (607-530? a.C.), Dario, também dito o Grande (550?-486 a.C.) e Xerxes (519?-465? a.C.), filho de Dario, lembrados pelas guerras travadas entre persas e gregos. Em torno de Ciro, tomando-o de forma idealizada, Xenofonte (430-354 a.C.) escreveu um romance pedagógico, a Ciropedia. O mais famoso dos Nabucodonosores será certamente o rei da Babilônia (604?-562? a.C.), mencionado nos textos bíblicos de Ezequiel e Daniel. De Alexandre Magno (356-323 a.C.) se guarda sobretudo que foi sob seu domínio que se deu a expansão do helenismo para além das fronteiras da Grécia.

Na Pérsia, a sabedoria dos Magos, na índia os princípios contidos nos Vedas e explicados por Diaimine e, depois, por Viasa da Segunda Escola Mimansa ou filosofia vedanta,[56] os profetas mesmos, anunciando por toda parte aos homens a palavra de Deus, nada fizeram para melhorar a condição da mulher.

Enquanto esses últimos exortavam os reis e os povos a armar-se para castigarem outros reis e outros povos, ou lhes prediziam a destruição dos impérios a fim de abater-lhes o orgulho, olvidavam que a sabedoria do Eterno, na última de suas criações, quando formou a admirável máquina do universo, harmonizando todas as suas partes entre si, deu ao par ditoso que devia ser o tronco do gênero humano o mesmo sentir, a mesma inteligência, as mesmas prerrogativas.

O homem, ainda semisselvagem, arrogou a si a preeminência da força física; e tudo lhe foi submetido, a moral, assim como a inteligência da mulher, que ele quis que permanecesse sempre inculta, para que mais facilmente desempenhasse a humilhante missão a que a destinava.

---

56 No sentido amplo, tradicional, a palavra *veda* designa um complexo de monumentos literários que, partindo do *Rigveda,* vão dos *Brahmana* e dos *Aranyaka* até os *Upanishads,* tidos como o fim *(anta)* do Veda e constituintes da base doutrinária para o *Vedanta* ou *Uliara-Mimansa,* filosofia cuja sistematização foi atribuída a Badarayana, também conhecido por Vyasa (entre o século III e V d.C.), nome provavelmente fictício.

III

Levantou-se então no horizonte da Europa aquele brilhante meteoro que surpreendeu e deslumbrou o mundo com as luzes que despedia de seu foco. A Grécia teve leis mais brandas. Solon,[57] mais sábio legislador que os sábios do Oriente, e menos severo que Licurgo,[58] foi o primeiro que melhor soube harmonizar os interesses da pátria com as vantagens da civilização.

Depois dele muitos sábios ilustraram essa pátria que Homero, Sócrates, Aristóteles e Platão imortalizaram: o primeiro, por suas inimitáveis poesias; o segundo, pelo amor da sabedoria, pela qual morreu instruindo os homens; os últimos, pelo grande desenvolvimento que deram à filosofia socrática, apresentando em resultado os dois grandes sistemas que esses mais belos gênios do maior século da filosofia grega[59] elevaram à mais alta potência, sem o caráter exclusivo que alguns filósofos lhes impuseram.

---

57 Solon (640?-560? a.C.): reformador político cujas medidas liberalizadoras serviram de base para o advento da democracia (século V a.C.) em Atenas.

58 Licurgo: figura talvez lendária (as datas de sua existência divergem, entre diferentes historiadores, do século XII ao VII a.C.), à qual se atribuem as normas de formação do Estado espartano, classicamente notório por sua férrea disciplina e pelo controle da máquina do governo sobre o indivíduo.

59 Pode-se situar esse período entre o nascimento de Sócrates (469-399 a.C.) e a morte de Aristóteles (384-322 a.C.).

Algumas mulheres apareceram na Grécia, tais como Aspásia, mestra do filósofo mártir,[60] Safo,[61] Pericione,[62] Telesila[63] e outras, cujo espírito, enriquecido dos mais variados e profundos conhecimentos, lhes atraiu a admiração da posteridade.

Os costumes da Grécia adoçaram-se, a mulher já não era ali um instrumento só de prazeres vãos e materiais. Ela associou-se aos trabalhos do espírito, que ocupavam os homens, e a civilização da Grécia apresentou-se sem rival ao mundo inteiro.

Mas a Trindade, anunciada entre todos os povos debaixo de diversos símbolos, não se tinha manifestado ainda aos homens no mais admirável e paternal sacrifício do Regenerador da humanidade. O brilhante facho do cristianismo não havia ainda baixado à terra.

Os gregos, cultivando a sua inteligência e atingindo a perfeição que os modernos tanto se têm esforçado por imitar, tropeçaram, entretanto, nas trevas do paganismo e, como os mais adiantados povos do Oriente, grosseiros erros cometeram.

A inteligência da mulher, conquistando a ciência, começava a distinguir-se, mas faltava-lhe o tipo da mulher cristã: sua mais nobre missão não podia ser ainda cumprida na terra.

O mesmo aconteceu depois entre o mais bélico povo da antiguidade, cujo nome bastava para fazer tremer os outros povos.

---

60 Embora a tradição conserve que Sócrates teria frequentado a casa de Aspásia e dela aprendera o método filosófico da ironia, é sobretudo como amante de Péricles (495-429 a.C.) que ela é lembrada. Isso se deve principalmente aos comediógrafos do século V, que traduziam a insatisfação dos homens atenienses com o fato de uma mulher – forasteira, além do mais – ter tido, por intermédio de Péricles, tanta interveniência na política de Atenas.

61 Diferentemente do que se diz com frequência a respeito de Safo (620?-665 a.C.), os poucos fragmentos que de sua poesia chegaram até nós não nos revelam senão uma mulher de fina sensibilidade poética. Platão chamou-a de décima musa. O fato de ter a poetisa de Lesbos aberto uma escola só para moças é estranho, porque se tratava de uma mulher. No mesmo tempo e na mesma cidade de Mitilene, homens como Gorgas e Andromeda tinham também escolas só para mulheres. O que não deve ser esquecido, no contexto de lesbianismo que envolve a figura de Safo, é a sua participação na política da época, o que chegou até a lhe custar o exílio (c. 580 a.C.) na Sicília.

62 Perictione (a autora usa a forma latinizada Pericione) sabe-se que foi a mãe de Platão, parente do filósofo Crítias e descendente de um irmão de Solon.

63 Telesila, além de poetisa dos tempos semilendários anteriores às guerras medo-persas, foi a heroína que, com um exército composto só de mulheres, defendeu a sua cidade natal contra o rei Cleómenes, de Esparta. Nísia Floresta assinou também alguns dos próprios escritos com o nome de Telesila.

IV

As mulheres romanas assinalaram-se por heroicas virtudes, de que as mulheres modernas não têm dado ainda, como elas, exemplos. Porém, déspotas tais como os romanos não podiam compreender e ministrar à mulher a educação que lhe convém. Os déspotas querem escravos que se submetam humilde e cegamente à execução de suas vontades, e não inteligências que se oponham a elas e ensinem aos povos a sacudir o seu jugo. Fácil lhes foi, pois, deixarem na ignorância essa parte da humanidade a quem Deus em sua paternal previdência aquinhoou de maior porção de bondade e doçura.

O egoísmo desse grande povo a respeito do sexo revela-se autenticamente em duas palavras do sábio e austero Catão.[64] Esse oráculo disse: "Tratemos as mulheres como nossas iguais, e para logo elas tornar-se-ão nossas senhoras e exigirão como tributo o que hoje recebem como uma graça".

Infeliz Catão! Pensando assim da mulher, bem longe estavas de prever o leito de desesperação, que em Útica te preparavam os profundos desgostos causados pelos ambiciosos, inimigos de teus austeros princípios, a quem, como a ti, faltaram desde a infância esses anjos de paz que tão salutar poder exerceriam sobre os destinos dos homens, se os homens soubessem compreender bem sua grande missão na sociedade!

Nesse terrível momento, em que o estoico republicano, perdendo toda a esperança de libertar a pátria e não querendo dever a vida ao tirano que detestava, rasgou suas próprias entranhas, depois de ter lido o *Diálogo*[65] do sublime Platão sobre a imortalidade d'alma,[66] nem ao menos pensou que, se uma mãe religiosa e esclarecida lhe tivesse dirigido os primeiros passos na vida, talvez tivesse ele feito melhor uso de suas virtudes e da leitura daquele admirável escrito.

Assim a orgulhosa Roma – apresentando nos fastos de sua história os pacíficos Numas, adoçando por suas instituições religiosas a natural

---

64 Marco Pórcio Catão, ou Catão de Útica (95-46 a.C.): conhecido por seu caráter incorruptível como homem público e pelo apego à legalidade republicana. Não deve ser confundido com o outro Catão, o Censor (234-149 a.C.), famoso por terminar os seus discursos no Senado romano pedindo a destruição de Cartago.

65 Este, como todos os itálicos da presente edição, são do texto original.

66 Na guerra civil contra César (102-44 a.C.), Catão foi partidário de Pompeu. Ao dar-se conta de que estava derrotado, encerrou-se em seus aposentos (em Útica, na África Meridional), leu alguns capítulos do Fédon, de Platão e, chegada a meia-noite, atravessou o próprio corpo com uma espada. Quando os familiares acudiram com um médico para cuidar-lhe do ferimento, ele rasgou os curativos com as próprias mãos, para não cair nas mãos dos inimigos e ter que assistir à queda da República romana.

ferocidade dos romanos,[67] os Brutos, crendo servir à república por um furor que enluta a natureza,[68] os Césares, subjugando o mundo pelo poder de suas armas, sempre vitoriosas, os Cíceros, extasiando os povos por sua eloquência – julgava-se quite para com a mulher unindo a esses nomes os das Lucrécias,[69] das Comélias,[70] das Vetúrias[71] etc.

A detestável Fúlvia,[72] picando com um alfinete a língua do mais ilustre orador romano,[73] não seria antes para vingar o sexo,[74] cuja condição aquela grande eloquência nunca procurou melhorar, do que para satisfazer o furor que se lhe atribui pelas *Filípicas* publicadas pelo célebre escritor? E essa ação horrorosamente repugnante, sobretudo em uma mulher, não lança como que um espesso véu sobre as severas virtudes daquelas respeitáveis matronas? Em uma sociedade em que a educação e o espírito das mulheres

67 Numa Pompílio, sucessor de Rômulo como rei de Roma (757-673 a.C.): figura lendária, segundo a moderna crítica histórica. A lenda lhe atribui as instituições religiosas de Roma e todo o direito sagrado, além do calendário estabelecido por seu antecessor, ao qual teria acrescentado os meses de janeiro e fevereiro.

68 Marco Júnio Bruto (86-42 a.C.): sobrinho de Catão de Útica, filho de outro Bruto do mesmo nome e de Servília, amante de Caio Júlio César, embora seja tardia na história a tradição de que Bruto era filho desse general romano. Apesar de lembrado por sua participação no assassinato de César, fato descrito invariavelmente como "furor que enluta a natureza", Bruto serviu a República de Roma por outros feitos mais dignos. Foi filósofo e orador notável, tendo mantido estreita correspondência com Marco Túlio Cícero (106-43 a.C.).

69 A história de Lucrécia foi contada pela primeira vez por Quinto Flávio Pictor, o mais antigo historiador romano (cerca de 200 a.C.). Segundo esse autor, Lucrécia, dama virtuosa, ao ser violentada por Sexto, filho de Tarquínio, o Soberbo, suicidou-se diante do marido e do filho, para não sobreviver à ofensa à sua honra. Este fato provocou a queda da monarquia em Roma.

70 Das muitas Comélias que povoam a história de Roma, a mais notável é a mãe dos Gracos – Tibério (Tribuno da Plebe em 133 a.C.) e Caio (Tribuno da Plebe em 123 a.C.) –, apresentada como personificação das virtudes da matrona romana do século II a.C. Casada com Tibério Sempronio Graco (210?-164? a.C.), teve doze filhos, dos quais apenas três sobreviveram. Ao ficar viúva, dedicou-se à educação de sua prole, tendo recusado até casar-se com o rei do Egito.

71 Vetúria, segundo a lenda, foi a mãe de Coriolano. Condenado ao exílio, este general romano ganhou a simpatia dos volscos e os conduziu a invadir Roma, como vingança contra os seus inimigos. O seu intento não foi consumado porque ele se rendeu aos rogos da mulher, Volúmnia, e de Vetúria.

72 Mulher de Marco Antônio (86-30 a.C.), antes que este a abandonasse para unir-se a Cleópatra (69-30 a.C.).

73 Conta-se que, não satisfeita em ter forçado o marido a ordenar a decapitação de Marco Túlio Cícero (por causa das *Filípicas* – set. 43-abr. 42. a.C. – por este pronunciadas contra Marco Antônio, ao qual também exprobrava a vida escandalosa de sua mulher), Fúlvia ainda se deu ao requinte de furar com um alfinete a língua do orador romano.

74 O sexo feminino.

fossem rigorosamente cultivados, poderiam aparecer monstros tais como as Messalinas,[75] as Túlias,[76] as Agripinas?[77]

75 Existem duas Messalinas famosas na história de Roma. A primeira, Estatuía Messalina, foi a terceira esposa de Nero (66 d.C.). A segunda, Valeria Messalina, foi a terceira esposa do imperador Cláudio (41 d.C.), de cujo matrimônio teve os filhos Otávia e Britânico. Apontada como mulher dominadora e de costumes dissolutos, foi assassinada pelo marido, quando este tomou conhecimento de que ela havia contraído núpcias com C. Sílio (48 d.C.).

76 A Túlia a que se refere a autora é a filha menor de Sérvio Túlio, lendário rei de Roma. Tendo, por imposição paterna, se casado com um filho ou neto de Tarquínio Prisco, apaixonou-se pelo cunhado Júlio Tarquínio – futuro Tarquínio, o Soberbo – e com ele se casou, depois que ambos mataram os respectivos cônjuges, além do próprio pai de Túlia, sobre cujo cadáver ela passou com um carro, na via pública.

77 Também duas são as Agripinas mais conhecidas de Roma. Uma, Vipsânia Agripina, dita a Maior (14 a.C.?-59 d.C.), foi a mãe de Calígula e de Júlia Agripina (15-59 d.C.), que, por sua vez, foi a mãe de Nero, nascido de seu matrimônio com Domício Enobarbo. Morta Messalina, Agripina junta-se ao tio Cláudio, numa união tida como incestuosa. Por sua influência, o imperador chegou a preterir, na sucessão do trono, ao filho Britânico, em favor de Nero. Quando mais tarde ela insistia em se imiscuir da mesma forma no governo de Roma, foi assassinada pelo próprio filho.

V

É uma verdade incontestável que a educação da mulher muita influência teve sempre sobre a moralidade dos povos e que o lugar que ela ocupa entre eles é o barômetro que indica os progressos de sua civilização.

Entre os bárbaros do Norte, e os selvagens da América e da Oceania, que papel representou e representa ainda a mulher, principalmente nas duas últimas regiões?

À fé, que muito humilhante seria para uma mulher dizê-lo!

Aqueles que têm viajado por esses países, ou lido a narração que de seus povos fazem verídicos historiadores, lamentam tanta degradação da espécie humana.

Deixaremos em silêncio a sorte da mulher da Europa na Idade Média, sob os Clóvis,[78] Carlos Magno,[79] Oton, o Grande,[80] Godofredo de Bouillon,[81] Rodolfo de Habsburgo e Maomé II, vencedor de Constantino XII, último imperador grego, com o qual acabou o império cristão de Bizâncio, para dar lugar, entre as monarquias europeias, à primeira monarquia otomana.[82]

Os cruzados – trazendo à sociedade ocidental o desenvolvimento da navegação, da indústria, das artes, das ciências, e as línguas que lhes foi preciso aprender para estabelecerem uma comunidade de ideias entre os povos de gênio e línguas diversas, preparando-lhe assim a época da Renascença, em que a Itália, e depois a França tanto brilharam – nenhum melhoramento fizeram na sorte da mulher.

À voz de Pedro Eremita, Urbano II, S. Bernardo[83] etc. corriam os reis

---

78 Clóvis (466?-511?), rei dos francos: ganhou importância quando, casando-se com a princesa Matilde, converteu-se ao catolicismo e com isso recebeu apoio para unificar o território francês, estendendo-o até o Mediterrâneo.

79 A Carlos Magno (742?-814) se atribui o restabelecimento do antigo Império de Roma no contexto da Idade Média. Disso foi fato representativo a sua coroação como Imperador do Ocidente pelo papa Leão III, no Natal do ano 800.

80 O nome de Oton I, o Grande (912-973) corre paralelo, do lado alemão, ao de Carlos Magno na França: no dia 2 de fevereiro de 962, o controvertido papa João XII (955-962) o coroou como fundador do chamado Sacro Império Romano-Germânico.

81 Godofredo de Bouillon (1060?-1100) participou da Primeira Cruzada, em 1096, tendo sido o primeiro comandante cristão a entrar vitorioso em Jerusalém, fato que o levou a ser celebrado por Dante *(Paraíso,* XVII, 47) e Torquato Tasso *(Jerusalém Libertada).*

82 Com a rendição de Constantino XII (ou XI, segundo outra contagem, 1403-1453) a Maomé II (1430-1481) e a consequente tomada de Constantinopla pelos turcos (29/5/1453), convenciona-se assinalar o término da Idade Média.

83 Pedro Eremita (1050?-1115) foi o paladino da Primeira Cruzada (1095-1100), convocada pelo papa Urbano II (1042-1099), no Concílio de Clermont (1095). São Bernardo de Claraval (1090-1153) foi o pregador da Segunda Cruzada (1147-1149).

e os povos cristãos à longínqua Palestina, para libertar os lugares santificados pelo Cristo, enquanto deixavam por libertar de férrea educação as mulheres, que Deus havia tão altamente enobrecido na Divina Mãe do mesmo Cristo.

Quanto sangue derramou a humanidade! Quantas vítimas sacrificadas sem nenhum resultado para ela! Que aberração, enfim, do espírito do cristianismo!

Mas era então assim que compreendiam a sua missão na terra os grandes senhores do Ocidente, longe ou dentro de seus suntuosos e sombrios castelos, cujo eco nos repetem ainda as legendas desses tempos.

No Oriente, as ciências e as artes fugiam espavoridas do solo que sanguinolentas guerras devastavam.

A Grécia esclarecida havia desaparecido, e povos bárbaros ou reis fanáticos profanavam o alcáçar das letras.

Aos filósofos, que encheram o mundo de admiração por sua sabedoria e pela beleza de seus escritos, sucederam imperadores tais como Miguel, o Gago,[84] que, não sabendo ler, proibiu que se ensinasse a ler às crianças, e Miguel III,[85] que, minado de vergonhosos vícios e desprezando como os seus antecessores a educação da mulher, mandara construir para os seus cavalos, que ele amava mais que a seus súditos, uma cavalherice[86] cujas paredes eram incrustadas de pórfiro.

O espírito das Anas Comnenes[87] despontava nessas regiões manchadas por toda a sorte de crimes, como desponta em noite tenebrosa o clarão de uma estrela que brilha a furto no espaço.

A caridade, virtude personificada no sexo pela mãe do Redentor do mundo, e o heroísmo com que algumas santas mulheres suportavam o martírio, na esperança de uma vida melhor, podiam então somente consolar a mulher cristã. Feliz aquela que de fato o era, porque achava na fé, essa luz divina que nos esclarece a alma, um poderoso antídoto contra a degeneração do homem e um porto seguro de salvação.

Enquanto a civilização dormitava sob o anticristão e nunca assaz detestável regime feudal, que oprimia cruelmente as mulheres, e as cruentas guerras de religião proporcionavam ao feroz instinto de uma o sanguinolento

---

84 Miguel II, o Gago: imperador bizantino de 820 a 829.

85 Miguel III, o Ébrio (839?-867), imperador bizantino. Durante o seu reinado, deu-se o cisma do patriarca Fócio, de Constantinopla, com a Igreja de Roma (863).

86 Essa é a palavra que está no texto original. Os dicionários registram *cavalariça.* Outros, mais raramente, *cavalhariça* e *cavalharice.*

87 Ana Comnene (1083?-1148): ilustrada princesa bizantina, filha de Aleixo I (imperador de 1048 a 1118), em memória de quem deixou escrita uma obra chamada *Hyle Historiae (Floresta da História),* também conhecida como *Alexíada.*

e bárbaro triunfo da horrorosa Noite de São Bartolomeu,[88] o mais funesto de todos os erros, o fanatismo, vomitava na Espanha e em Portugal o monstruoso flagelo que tem jamais oprimido a humanidade.

O tremendo Tribunal do Santo Ofício,[89] esse vergonhoso parto dos tempos modernos do cristianismo, tão fatal aos progressos da civilização, não queria encontrar nas vítimas que imolava a moral esclarecida, a virtude obstinada das Bororquias.[90]

Assim, a educação da mulher ficou estacionária, principalmente nesses países, que a natureza enriqueceu de seus mais belos dons.

---

88 A autora refere-se ao massacre dos huguenotes, calvinistas franceses, ordenado por Catarina de Médicis em 24 de agosto de 1572, dia em que, no martirológio romano, se comemora a festa do apóstolo Bartolomeu.

89 O Tribunal do Santo Ofício ou da Santa Inquisição foi instituído no fim do século XII, como órgão de combate (com o recurso frequente a tortura e a morte na fogueira) a quem fosse considerado herege. Em Portugal e na Espanha, durou até o século XVII. Atualmente, modificado, sobrevive na Cúria Romana, através da Sagrada Congregação do Santo Ofício, à qual está entregue a vigilância sobre a ortodoxia católica.

90 As Bororquias, com este nome, são personagens de ficção. De existência real mencionam-se María de Bohórquez, vítima do primeiro auto de fé da Inquisição realizado em Sevilha (24 de setembro de 1559), jovem de 21 anos incompletos, e sua irmã, Joana Bohórquez, vítima do segundo auto de fé na mesma cidade (22 de dezembro de 1560), feita prisioneira ainda grávida, torturada e morta apenas quinze dias após ter dado à luz. Os seus próprios juízes, depois, reconheceram-lhe a inocência. Numa história da Inquisição escrita por Philippe Limborch se reúnem como sendo uma só pessoa – *Cornélia Bororquia* – os nomes de Maria Comei e Maria de Bohórquez, duas vítimas distintas do mesmo auto de fé. Esse equívoco foi depois consagrado numa novela espanhola, baseada em nomes e fatos inverídicos, conforme o testemunho de D. Jean-Antoine Llorente, em sua *Histoire Critique de l'Inquisition d'Espagne* (Paris, Treuttel et Würtz, 1818, 2. ed., tomo 2, p. 266-271 e 293-295), que afirma ter tido em mãos os autos do processo das duas irmãs Bohórquez.

VI

Lancemos agora os olhos sobre as três grandes nações da Europa moderna e os Estados Unidos, em nossos dias. Vejamos se podemos aí encontrar alguma consolação à lembrança do quadro aflitivo que, da mulher, nos apresentam os tempos que felizmente já vão longe para nós.

A Alemanha, este país clássico das ideias e da reflexão, é também o país por excelência nos respeitos tributados à mulher.

A moralidade sentimental, cujo nome e ideia só existem na Alemanha, constituindo a sensibilidade um dever, não podia deixar de produzir ali os mais salutares efeitos no sexo que possui incontestavelmente maior soma dessa faculdade.

Os alemães, mais entusiásticos que fanáticos, mais pensadores que galantes, concederam à mulher privilégios reais, baseados na educação sólida desse povo por demais profundo e morigerado para compreender toda a importância da mãe de famílias, da matrona esclarecida edificando os filhos e o sexo com exemplos de uma sã moral, derramando em tomo deles as luzes de um espírito reto e superior, os efeitos de um coração formado e generoso.

O legislador alemão, quando estabeleceu no casamento a igualdade entre os sexos, compreendeu, melhor que nenhum outro, a sabedoria do Eterno, doando ao homem e à mulher a mesma inteligência.

Uma das duas primeiras escritoras francesas de nosso século, Mme. de Staël,[91] atribui à facilidade do divórcio entre os alemães a introdução, nas famílias, de uma sorte de anarquia que nada deixa subsistir em sua verdade nem em sua força.[92]

A ilustre escritora, a cujo talento rendemos sempre a mais profunda homenagem, escrevendo essas linhas abstraiu sem dúvida da anarquia de outra espécie, e até certo ponto muito mais perigosa, que lavra pelo centro das famílias de sua nação, a despeito da doutrina dos grandes pensadores, Montesquieu, Rousseau, Voltaire e Diderot, combatida depois pelos dois eminentes espíritos, Condorcet e Sieyès, cujas vozes foram sufocadas pelos

---

91 Germaine Necker, baronesa Staël-Holstein, conhecida como madame de Staël (1776-1817), é tida como a introdutora do romantismo na França. A sua obra mais citada, Da Alemanha, foi publicada em 1810.

92 No original, o parágrafo vem em itálico a partir de "uma sorte", sugerindo uma citação, não literal, de madame de Staël.

três fortes órgãos do século XVIII, Mirabeau, Danton e Robespierre.[93]

Os alemães, baseando a sua felicidade doméstica na moral esclarecida das mulheres, antes que em um jugo imposto pela lei, as subtraem, em geral, ao conhecimento de estratagemas que certas mulheres do Sul[94] sabem com raro talento empregar para triunfar em segredo desse jugo, a que parecem em público submeter-se com grande satisfação.

Quantas vezes temos nós visto os homens do Sul, que mais inexoravelmente exprobram a instrução e a liberdade de que gozam as mulheres do Norte, serem vítimas do capricho ou da dissolução, resultado quase sempre infalível da ignorância e da educação estacionadas das suas![95]

Deixemo-los expiar suas crenças a respeito da mulher, e sem contestarmos a opinião da ilustre escritora francesa, cujo coração mais de uma vez contraiu-se sob a influência dos princípios dos homens de sua pátria, tão diametralmente opostos aos que ela censurava, continuaremos a demonstrar a influência que tem a educação das mulheres sobre a moralidade e a civilização dos povos.

93 Mencionados diversas vezes no *Opúsculo,* Montesquieu (1689-1755), Rousseau (1712-1778), Voltaire (1694-1778), Diderot (1713-1784), Condorcet (1743-1794), Sieyès (1748-1836), Mirabeau (1749-1791), Danton (1759-1794) e Robespierre (17581794), se evidenciam, por um lado, a erudição de Nísia Floresta (exemplo pertinente, aliás, como comprovação pessoal de sua tese sobre a igualdade intelectual entre os dois sexos), mostram também, em muitos aspectos, a fonte do seu pensamento. Sobretudo, todavia, são citados porque a lembrança dos enciclopedistas, liberais e revolucionários franceses era uma provocação à prática social e política do tempo da autora.

94 "Mulheres do Sul" e "homens do Sul": da França, contrapostos aos "do Norte": da Alemanha.

95 Nesta, como noutras passagens do *Opúsculo*, Nísia Floresta insinua com discrição a sua posição antecipadora como divorcista, sugerindo ser o divórcio uma prática moralmente mais recomendável que o casamento com vínculo indissolúvel.

VII

A Alemanha é um exemplo que comprova essa asserção.

A mulher germânica teve sempre grandes vantagens sobre as mulheres antigas e modernas.

Chateaubriand,[96] em uma das suas obras, faz o seu elogio, e o célebre autor do *Gênio do Cristianismo* não pode ser um juiz suspeito.

Em nenhuma outra nação o sentimento maternal, essa centelha divina, apresentou exemplos mais tocantes do que na Germânia. Assim também, a ternura filial, caracterizada, entre outros, no barão Croneck,[97] poeta que pela suavidade de seus versos foi intitulado o Young alemão.[98] Deveu ele a melhor parte de sua educação a sua mãe, mulher verdadeira germânica, a cuja perda sucumbiu, na idade de 26 anos, depois de ter consagrado à sua memória os *Cantos das Solidões,* seu último poema.

É ainda na Alemanha que se encontra o verdadeiro tipo do espírito de família e do respeito tributado à velhice, tão rigorosamente exercido pelos espartanos, tão menoscabado nas gerações presentes do Sul.

Foi uma mulher germânica o patriarca feminino que mais importância teve na grande emigração. A história moderna não apresenta um homem cuja eloquência iguale à que ela desenvolveu então.[99]

Na época mais notável da história dessa nação, no momento supremo da emigração, ela levantou-se em assembleia e arengou ao povo para que deixasse o seu país e fosse conquistar uma nova pátria. O povo germânico,

---

96 O Visconde de Chateaubriand (François-René, nascido em 1768), cujos escritos serviram de roteiro intelectual para o movimento romântico na literatura francesa, havia falecido em 1848, cinco anos antes da publicação do *Opúsculo*.

97 Johann Friedrich, Barão de Croneck (1731-1758) foi poeta dos mais apreciados na Alemanha de seu tempo. Das suas obras, publicadas em 1760, destaca-se a tragédia *Codrus*, que assinala o começo do período clássico na dramaturgia alemã.

98 Edward Young (1683-1765): poeta inglês, notável pelo caráter melancólico de seus poemas, marco do pré-romantismo na Inglaterra. Exerceu larga influência na literatura de sua época.

99 O esforço desenvolvido na pesquisa em rastrear os passos da autora na elaboração do seu ensaio não foi facilitado pela vaga indicação contida nas linhas acima, redigidas, ademais, de forma que pode levar à confusão quanto ao período histórico aludido. A passagem parece sugerir uma referência a Mathilde Franziska Anneke (1817-1884), ativista política que, à época em que Nísia Floresta visitava a Europa, fundou na Alemanha *Die Fauen Zeitung*, jornal que serviu de instrumento revolucionário na disseminação das ideias liberais, antes de 1848. Perseguida pelo governo prussiano, Anneke fugiu para a França e depois fixou residência nos Estados Unidos, onde fez conferências em favor do movimento sufragista feminino, aqui também editando o seu jornal (1849), na cidade de Milwaukee, estado de Wisconsin.

ainda bárbaro, conservava, mais que os gregos e os romanos, o respeito e o amor pela família.

A diferença entre o respeito pela avó e a veneração pela mulher, nas raças teutônicas e nas raças greco-latinas, sobressai ainda hoje nos povos que delas descendem. Estes princípios foram de tal sorte infiltrados no coração e no espírito da mocidade, que, apesar da degeneração dessas raças e do filosofismo que contaminou o século XVIII, ainda constitui atualmente a superioridade da educação do homem do Norte sobre a educação do homem do Sul.

As mulheres deviam naturalmente participar dessa salutar influência e ser, portanto, o que na realidade são: melhores esposas, melhores mães, pensadoras mais profundas, mulheres mais completamente educadas do que o são em geral as mulheres do Sul.

Na pátria dos Leibnitz, Kant, Klopstock, Goethe e Humboldt[100] – essa terra que, pelo alto grau a que os seus nacionais têm levado o estudo e a meditação, é justamente denominada a pátria do pensamento –, a parte da humanidade que nutre em seu seio, e guia depois os primeiros passos da outra, foi e é ainda considerada como devidamente o merece.

Também é a Alemanha a terra por excelência de um povo viril, franco, honesto e virtuoso.

---

100 Da mesma forma que os franceses quanto ao pensamento político, os nomes de Leibnitz (1646-1716), Kant (1724-1804), Klopstock (1724-1803), Goethe (1749-1832) e Humboldt (Alexandre: 1765-1859; Guilherme: 1767-1835) servem a Nísia Floresta para chamar a atenção sobre a importância da ciência e da filosofia na construção do progresso da humanidade.

VIII

A Grã-Bretanha, marchando à frente de todas as nações pela sua força material, marcha igualmente em primeira ordem na civilização europeia. Devendo todas as vantagens de que goza tanto ao grandioso comércio como à estima pelas ciências e letras, ela não tem negligenciado a educação da mulher e o cultivo de sua inteligência.

O povo inglês, entre o qual existe menos influência das castas privilegiadas, mais espírito de ordem, mais atividade e mais convicção de seus próprios direitos, não podia deixar de facultar à mulher a liberdade e os meios de segui-lo nos progressos da civilização moderna.

O sexo a que pertencia aquela que, segundo a expressão de Voltaire, a Europa contava na ordem de seus maiores homens, Elizabeth – a cujo gênio deveu a Inglaterra a elevação de sua marinha, fazendo-a rivalizar com as de Holanda, de Gênova e de Veneza, então no apogeu de sua glória, o princípio de seu comércio nas índias Orientais, Pérsia, Rússia e América, o grande desenvolvimento de sua literatura, com Bacon, Raleigh e Shakespeare, e o aperfeiçoamento de sua língua – tinha por sem dúvida incontestáveis direitos a essa consideração da parte de seus concidadãos.

Demais, mulheres que têm de participar da sorte de um povo que reúne as duas maiores potências – a força e o querer – ao mais acrisolado critério, quando se trata de empregar os seus recursos para sustentar a própria dignidade ou para consolidar os seus interesses, assim materiais como morais, mereciam receber a educação que as distingue, e cujos felizes resultados convergem todos para o engrandecimento de sua nação.

A mulher inglesa, educada nos severos princípios de uma sã e esclarecida moral, dá provas, desde sua mais tenra mocidade, de uma discrição e modesta altivez, que as mulheres das outras nações não lhe podem disputar. Gravando-se-lhe no espírito, quase logo ao sair do berço, a consciência de sua própria dignidade, ela compreende muito cedo a nobreza do sexo a que pertence e a importância do cumprimento de seus deveres.

Sem os *argos*[101] que velam constantemente sobre as donzelas de quase todas as outras nações, a donzela inglesa sabe impor, ainda ao mais dissoluto, o decoro que lhe é devido. A sólida educação que lhe é ministrada, servindo-lhe de égide, a subtrai à humilhação de uma vigilância que degrada a mulher, porque faz pensar ser-lhe necessário um guarda para que ela permaneça pura.

101 Na mitologia grega, Argos, neto do rei do mesmo nome, foi apelidado *Panoptes* (que tudo vê), por ser dotado de cem olhos, sempre abertos. Por extensão, refere-se a autora aos vigilantes da moralidade pública.

Assim também, compreendendo melhor que as suas ilustradas vizinhas do Continente a importância dos sagrados deveres de esposa e de mãe, a mulher inglesa não vê, como geralmente aquelas, no casamento, um estado que as liberta do jugo de solteira e lhes permite uma liberdade de que nem sempre fazem bom uso. Pelo contrário, é neste novo estado que começa para ela a prática de todas as virtudes da vida doméstica. Pode dizer-se que o primeiro dever maternal e inato à mulher inglesa, a quem a civilização nada tendo feito perder do sentimento que o ordena, não foi necessário um *Emílio*[102] de Rousseau para indicar-lho.

A donzela e a esposa representam, na França e na Inglaterra, um papel diametralmente oposto no seu respectivo estado, e é ainda só à educação eminentemente religiosa da mocidade inglesa que se deve atribuir essa grande diferença. Além disso, o espírito de galanteio que caracteriza os homens da primeira nação sendo estranho aos da segunda, as mulheres inglesas têm a vantagem de respirar desde os seus primeiros anos na atmosfera da sinceridade, que, com o sentimento de independência, forma o principal caráter de sua nação.

---

102 O *Emílio,* publicado em 1762, corresponde, no campo pedagógico, ao que é *O Contrato Social* para a ciência política. Rousseau escreveu também um tratado sobre a educação feminina, intitulado *Júlia ou a Nova Heloísa* (1760).

IX

Da mesma sorte que a Inglaterra é o modelo da religião, do comércio e da liberdade, as suas mulheres o são das virtudes domésticas e da nobre altivez de seu sexo. Modernas gregas e romanas na beleza e na severa continência, elas são superiores às primeiras pela morigeração dos seus costumes, e às segundas pela instrução de seu espírito.

A educação da mulher inglesa é, como a liberdade política dos ingleses, fundada em sua moral, e, assim como a verdadeira base de um governo é a liberdade política, conforme observa o ilustre autor do *Espírito das Leis,*[103] assim também a religião deve ser a base da educação da mulher.

O povo inglês compreendeu, e mais que nenhum outro demonstra praticamente, esta verdade. Daí a causa primeira das vantagens de sua educação sobre a dos outros povos.

A mor parte de suas grandes escritoras tem feito sobressair em suas obras a moral dessa religião inoculada em sua alma. Deste número são, entre outras, Mrs. Inchbald,[104] cuja conduta honrosa, em uma profissão rodeada de perigos, dá uma nova autoridade a seus escritos e os torna recomendáveis; Miss Maria Edgeworth,[105] cujo grande mérito consiste em sua moral doce e agradável: "É impossível ler diz um crítico da *Revista d'Edimburgo,* dez páginas de seus escritos, sem se ficar persuadido de que eles tendem a tornar melhor, e não só a corrigir fatais erros, prejuízos funestos à felicidade, mas ainda a inculcar a virtude e a bondade, apresentando-as sob os mais persuasivos e familiares aspectos". Miss Jane Austen,[106] de uma intenção moral menos elevada, talvez, porém mais eficaz que a de Miss Edgeworth: a profunda delicadeza de sentimentos dessa escritora é o predicado ordinário

---

103 Montesquieu.

104 Mrs. Inchbald (Elisabeth Simpson, 1753-1821), casada com o ator Joseph Inchbald, foi também atriz, autora de teatro e romancista. Entre os seus romances mais conhecidos figuram *A Simple Story* (1791) e *Nature and Art* (1796). *I'll Tell You What* (1785) é a sua peça teatral mais divulgada.

105 Maria Edgeworth (1767-1849), terceira dos 22 filhos de Richard Lovell Edgeworth, foi, acima de tudo, porta-voz das vontades intelectuais de seu pai, que a controlava como censor prévio de seus escritos. Entre estes, são dignos de menção: *Letters for Literary Ladies* (1795), *Castle Rackrent* (1800), *Moral Tales for Young People* (cinco volumes, 1801) e *Belinda* (1801).

106 Jane Austen (1775-1817), a mais conhecida das escritoras citadas, distingue-se pela percepção moral e pela sutileza na descrição das relações humanas. Os seus romances mais notáveis foram *Razão e Sensibilidade* (1811), *Orgulho e Preconceito* (1813), *Emma* (1815) e *A Abadia de Northanger* (1818).

das mulheres; Mrs. Elizabeth Hamilton,[107] que foi a primeira a pintar justa e vivamente a vida das classes baixas da Escócia; e Mrs. Hannah More,[108] que continua a classe notável de moralistas femininos: aos 17 anos era ela já autora, e sua principal obra – *Celebs em Busca de uma Esposa* – mostra as disposições, os costumes, os princípios que podem assegurar a felicidade doméstica.

107 Elizabeth Hamilton (1758-1816), moralista inglesa de família escocesa, foi romancista de numerosas obras, entre as quais *Letters on Education* (1801), *Memoirs of the Life of Agrippina, the Wife of Germânicas* (3 vols., 1804), *The Cottagers of Glenburnie* (1808), e *Examples of Questions Calculated to Excite and Exercise the Infant Mind* (1815).

108 Hannah More (1745-1833), piedosa escritora britânica, defendeu os valores tradicionais de sua sociedade, apresentando uma visão conformista das diferenças sociais. De suas numerosas obras, além da citada pela autora, constam *The Inflexible Captive* (1775), *Persy* (1777), *Thoughts on the Importance of the Manners of the Great to General Society* (1788), *Strictures on the Modern System of Female Education* (2. vols. 1779) e *Village Politics* (com o pseudônimo de Will Chip, 1792).

X

Os dois grandes admiradores da constituição inglesa e dos costumes da Inglaterra, Voltaire e Montesquieu, nas brilhantes páginas que escreveram a respeito, não quiseram dar uma prova de imparcialidade, atribuindo também à influência da educação da mulher o engrandecimento daquele povo.

Mas todos conhecem a opinião desses dois célebres escritores, de moral e crenças diversas, a respeito do sexo. O primeiro assinala esta opinião nos sarcasmos contra todas as mulheres, com os quais julgava punir aquela que lhe havia consagrado a vida. O segundo, nas linhas seguintes, contidas em seu admirável livro de *O Espírito das Leis:*

> *La nature, qui a distingue les hommes par la force et la raison, n'a mis à leur pouvoir d'autres termes qui celui de cette raison et de cette force. Elle a donné aux femmes des agréments, et a voulu que leur ascendant finit avec ces agréments.*[109]

O virtuoso Montesquieu, pensando assim da mulher, autorizava ao degenerado espiritualista Rousseau, quando disse:

> *La femme est faite spécialement pour plaire à l'homme; si l'homme doit lui plaire a son tour c'est d'une nécessité moins directe; son mérite est-dans sa puissance; il plait par cela seul qu'il est fort.*[110]

Quanto a Montesquieu, lastimamos, sem admirar, um tal desvio da justa apreciação da mulher, porque estamos habituados a ver, na história de todos os povos, eminentes capacidades, como o ilustre escritor, caírem no mesmo erro quando tratam dela.

Do autor de *O Contrato Social,* cujas obras mereceram tanta consideração dos homens pensadores, julgamos que não podia ele melhor descrever a mulher no estado selvagem de que foi tão grande apologista.

---

109 "A natureza, que distinguiu os homens pela força e pela razão, não entregou ao seu poder outros meios que os da razão e da força. Às mulheres, concedeu as qualidades do atrativo e quis que a sua influência termine onde termine esse atrativo."

110 "A mulher é feita especialmente para cativar ao homem; se o homem a deve, por sua vez, cativar, é de necessidade menos direta; o mérito dele está na força; ele cativa pelo simples fato de ser forte."

Anteporemos, entretanto, àquelas linhas suas, já citadas, a observação seguinte do muito espirituoso e distinto literato Philarète Chasles.[111]

> *La femme n'est rien pour le sauvage; esclave au début de la civilisation, elle acquiert ses droits et sa valeur en parcourrant les degrés qui effacent la tyrannie de la force physique et font régner l'intelligence.*[112]

Mas deixemos a Wollstonecraft,[113] Condorcet,[114] Sièyés,[115] Legouvé[116] etc. a defesa dos direitos do sexo. A nossa tarefa é outra, e cremos que mais conveniente será às sociedades modernas: a educação da mulher.

---

111 Philarète Chasles (1789-1873) era muito lido ao tempo de Nísia Floresta.

112 "A mulher não é nada para o selvagem; escrava no começo da civilização, ela adquire seus direitos e seu valor percorrendo os degraus que apagam a tirania da força física e fazem reinar a inteligência."

113 Mary Wollstonecraft (1759-1797) terá sido, sem dúvida, uma das figuras mais importantes do pensamento feminista no século XVIII. O seu livro *A Vindication of the Rights of Women* (1792), obra seminal na história do igualitarismo feminino, foi traduzido para o português pela própria Nísia Floresta, sob o título *Direitos das Mulheres e Injustiças dos Homens*.

114 Em 3 de julho de 1790, o marquês de Condorcet (Maríe-Jean-Antoine-Nicolas Caritat, 1743-1794), havia publicado, no *Jornal da Sociedade* de 1789, um artigo "Sobre a Admissão das Mulheres ao Direito da Cidadania", documento pioneiro sobre os direitos políticos da mulher, de tal forma avançado para o pensamento de sua época, que, traduzido para o inglês em 1912, foi utilizado como propaganda ideológica na campanha pelo voto feminino na Inglaterra.

115 Emmanuel-Joseph Sièyés (1748-1836), político e reformador social francês, havia retornado à França em 1830, catorze anos depois de exilado pela Restauração.

116 Ernest-Wilfrid Legouvé (1807-1903), poeta e romancista francês, havia escrito em 1848 uma *História Moral das Mulheres,* reunião de conferências que pronunciara no Colégio de França.

XI

A França, essa fagueira região dos belos espíritos, onde todas as fisionomias sorriem ao estrangeiro, e a afabilidade da mais acessível civilização o acolhe e o consola das saudades da pátria, esse viveiro moderno de grandes notabilidades, em todas as ciências e artes, não tem chegado ao apogeu da glória de ser o centro luminoso donde se desprendem as brilhantes centelhas que vão esclarecendo os demais povos na marcha progressiva das ideias, senão porque a mulher é ali admitida de comum com os homens a cultivar a sua inteligência.

Se a severidade de uma página da legislação francesa exclui a mulher da supremacia de que gozam as mulheres das duas nações de que falamos ultimamente,[117] o império do espírito, em cujo trono ela se assenta como absoluta soberana, prodigamente a indeniza dessa parcialidade, depondo em suas mãos, como por vezes tem acontecido, de uma maneira indireta, os destinos dessa bela nação. E o mundo tem visto se as Poitiers, as Médicis,[118] as d'Estrées,[119] as Pompadour [120] etc., e as virtuosas Maintenon,[121] Antoinette[122] e Adelaide,[123] esclarecida conselheira de Luís Filipe, têm dirigido, mais que os reis, o governo da França.

A mulher francesa reina de fato pelo espírito e, muitas vezes, mais plenamente que as soberanas de direito sobre os outros povos.

Sem embargo de todos os antagonistas do desenvolvimento intelectual da mulher, entre os quais tão despoticamente sobressai o célebre Córsego,[124] acérrimo inimigo da superioridade do espírito feminino, a França esclarecida compreendeu a distância que mediava dela à França feudal, e as luzes das

117 A severidade da legislação, que ainda não admitia o divórcio.

118 Diana de Poitiers (1499-1566) foi amante de Henrique II (1519- -1559), da França, e rainha de fato em lugar da legítima esposa Catarina de Médicis (1518-1589), que, por sua vez, foi regente durante a menoridade de seus filhos, Francisco II, Carlos IX e Henrique III.

119 Gabrielle d'Estrées (1573-1599) foi amante de Henrique IV (1553- -1610), de quem teve três filhos, legitimados pelo rei.

120 Jeanne-Antoinette Poisson, marquesa de Pompadour (1721-1764), foi amante de Luís XV, tendo exercido grande influência na política de sua época.

121 Françoise d'Aubigné, marquesa de Maintenon (1635-1719), dona de um salão intelectual dos mais frequentados na França do século XVIII, foi amiga e depois esposa de Luís XIV. Como educadora, fundou o Instituto Saint-Cyr para moças da nobreza e escreveu *Cartas sobre a Educação, Conselhos às Moças* e *Cartas Edificantes*.

122 Antoinette d'Orléans (1572-1618), filha do duque de Longueville e de Maria de Bourbon, foi a fundadora da Congregação das Filhas do Calvário.

123 Eugênia-Luísa Adelaide (1777-1847), princesa de Orléans, era irmã do rei Luís Filipe, da França.

124 Napoleão Bonaparte (1769-1821).

ciências espalharam-se por todas as inteligências, sem distinção de sexo nem de classes.

Depois que Descartes[125] abriu à filosofia uma nova era e os homens do progresso, afrontando doutrinas retrógradas, caminham avante na obra do aperfeiçoamento da sociedade moderna, a mulher francesa não se limitou somente aos exemplos da coragem que deu a Joana d'Arc a glória de libertar a pátria do poder dos ingleses, e segurou o punhal na mão de Carlota Corday para expurgar o sanguinário Marat.[126] Outras virtudes, outros triunfos, mais dignos da mulher, obtêm e distinguem as francesas de nossos dias.

As afetuosas páginas, inspiradas pelo amor maternal da sensível Sevigné,[127] fizeram brotar em mais de um coração feminino sazonados frutos, com que muitas de suas conterrâneas alimentaram o espírito da mocidade de seu sexo.

Além de outras, Mmes. Maintenon, Genlis[128] e Campan[129] concorreram, por seus dedicados desvelos e preciosos escritos, para o desenvolvimento da educação, que Saussure,[130] Tastu,[131] Guizot[132] etc., mulheres todas notáveis pelos seus talentos e virtudes, têm melhor adaptado à civilização moderna.

---

125 René Descartes (1596-1650) empresta seu nome a um dos treze meses do Calendário Positivista, organizado por Augusto Comte, tendo, por isso, uma estátua nos templos da Religião da Humanidade.

126 Nesta passagem, em que o feito de Joana d'Arc (1412-1431) é posto em paralelo com o de Carlota Corday (1768-1793), a mulher que expurgou da França "o sanguinário Marat" (1744-1793), nota-se o anticlericalismo de Nísia Floresta, componente específico de suas concepções liberais em matéria de religião.

127 Mine. de Sevigné (Marie de Rabutin-Chantal, 1626-1696) deixou, em *Carlos,* obra-prima do gênero epistolar, ricas reflexões sobre a vida familiar e os costumes de sua época.

128 A Condessa de Genlis, Stéphanie-Felicité du Crest de Saint-Aubin (1746-1830), foi prolífica escritora (dela se publicaram oitenta volumes) e educadora de avançadas ideias. Entre os seus discípulos incluía-se Luís Filipe, rei da França.

129 Mme. Campan (Jeanne Genet, 1752-1822) foi camareira de Maria Antonieta. Depois da Revolução, abriu um pensionato e escreveu ensaios pedagógicos. Napoleão lhe confiou a educação de sua enteada Hortênsia (a mãe de Napoleão III) e a nomeou superintendente do Colégio Imperial de Écouen.

130 Albertine-Adrienne de Saussure (1766-1841), também conhecida por Mme. Necker, era prima de Mme. de Staël e autora de uma *Educação Progressiva ou Estudo sobre o Curso da Vida,* na qual se ocupa também da "vida das mulheres", e que lhe valeu um prêmio da Academia Francesa em 1832.

131 Mme. Tastu (Sabine Volart, 1798-1885) foi autora de diversos volumes para a educação da juventude, entre os quais *A Educação Materna* (1835) e *Leituras para as Moças* (1840).

132 Mme. Guizot (Pauline de Meulan, 1773-1827) foi autora de contos para a infância e de obras pedagógicas, entre as quais *Educação Domésticas ou Cartas Familiares sobre a Educação* (1836) e *Conselhos de Moral* (1828).

XII

Como a Inglaterra, a França apresenta grande número de mulheres moralistas, poetas e escritoras em todos os gêneros, procedentes das diversas classes da sociedade nobre, burguesa, operária – todas tendo fornecido autoras mais ou menos distintas pelos seus trabalhos na grande obra da civilização.

Apresentaremos, porém, as duas escritoras que sobressaem a todas pela fertilidade e solidez de seu espírito, como uma prova de que a educação moral deve ser, como já temos observado, a base de toda a instrução da mulher, a fim de que ela não se desvie da senda das virtudes que a farão sair vitoriosa do labirinto da vida, onde tem de lutar com o monstro da sedução.

Staël e George Sand,[133] de condições e caracteres diferentes, chegaram ambas, por diversos caminhos, ao pináculo da glória literária. O mérito da primeira atraiu, ainda em 1850, tantos anos depois de sua morte, a ilustrada corporação do Instituto da França a consagrar uma de suas sessões ao seu elogio. A segunda é já denominada a primeira escritora do século.

A pena de ouro que escreveu *Lélia,* a mais sublime de suas concepções,[134] repousou compondo os seis dramas morais que fizeram reviver na cena de Paris os símplices costumes rurais e perdoar à sua autora alguns de seus escritos, julgados, pelos severos moralistas, por demais livres.

Se, com tão transcendente talento, a educação de Mme. de Staël tivesse sido ministrada a George Sand, ter-se-ia esta deslizado da conduta circunspecta que constitui o primeiro mérito da mulher? Não, por certo, e aquela cujos escritos atraem a admiração do mundo literato faria brilhar, por entre a coroa de imortalidade que lhe cinge já a fronte, a mais preciosa de todas as pérolas, que lhe falta, e que somente a educação religiosa pode oferecer à mulher.

Assim, é quase sempre da educação que nascem os desvarios, os erros, algumas vezes os crimes, que ofuscam as qualidades do espírito, mancham a vida da mulher e a tornam bem vezes infeliz, ainda quando rodeada da fascinadora auréola da fortuna.

Dê-se ao sexo uma educação religiosamente moral; desviem-se dele

---

133 A autora faz, entre Mme. de Staël e George Sand (Aurore Dupin, 1804- -1876), um contraste difícil de se sustentar, se considerada a tumultuosa biografia da primeira, sobretudo suas ligações com Benjamin Constant (1767-1830) e A.W. Schlegel (1767-1845).

134 O romance *Lélia* foi publicado, numa primeira versão, em 1833 e, em sua forma definitiva, em 1839. Nísia o considera "a mais sublime das concepções" de George Sand porque, à época em que escrevia, não lhe haviam certamente chegado as mãos *O Charco do Diabo* (1846), *François, o Bastardo* (1847) e *A Pequena Fadette* (1849), que são, reconhecidamente, as melhores obras da romancista francesa.

todos os perniciosos exemplos que tendem a corromper-lhe, desde a infância, o espírito, em vez de formá-lo à virtude; adornem-lhe a inteligência de úteis conhecimentos, e a mulher será não somente o que ela deve ser – o modelo da família –, mas ainda saberá conservar dignidade, em qualquer posição em que porventura a sorte a colocar.

Quando o grande herói do século XIX, fazendo revolver o mundo e curvar ao seu despotismo as cabeças coroadas da Europa, temeu a influência de uma mulher e a desterrou em Coppet, essa mulher achou em seu espírito assaz de recursos para suportar o exílio, e em sua dignidade assaz de energia para recusar-se depois ao seu chamado.[135]

Essa grande potência, perante quem tudo se curvava, teve que devorar a recusa de uma mulher, cujo mérito havia a princípio desdenhado. Napoleão ignorava, como diz Chateaubriand, que o verdadeiro talento só no gênio reconhece Napoleões.

Se muitas outras não têm se portado, em casos semelhantes, com a mesma dignidade e energia, é porque lhes faltam a educação e as luzes que ornavam o espírito da célebre filha de Necker.

135 As divergências políticas entre Mme. de Staël e Napoleão Bonaparte (que atravessaram toda a vida pública de ambas as personalidades) custaram muitos dissabores à escritora, entre os quais o exílio, por mais de uma vez, em Coppet, perto de Genebra, na Suíça. Quando, em 1810, foi publicado o seu ensaio *Da Alemanha*, Mme. de Staël mandou um exemplar do livro ao imperador, rogando-lhe uma audiência. A resposta foi não somente a recusa em receber a autora, mas a ordem de novo confinamento em Coppet, acrescida do confisco policial de toda a edição da obra, tida como desfavorável à boa imagem da França no estrangeiro. Mais tarde, durante os Cem Dias, Napoleão lhe comunicou que ela podia voltar à França e que lhe pagaria os dois milhões de francos por ela reclamados como débito da monarquia francesa ao seu falecido pai Jacques Necker (1732-1804), o famoso banqueiro e ministro das finanças de Luís XVI. Dessa vez a recusa coube a Mme. de Staël.

XIII

Se considerarmos agora as mulheres da França sob o ponto de vista filantrópico, vê-las-emos derramando cada dia nas classes desvalidas o bálsamo salutar da beneficência.

A caridade, essa virtude sublime que nunca é tão devidamente exercida como pela mão da mulher, tem no coração da francesa um templo onde ela lhe queima o mais puro incenso.

Prescindindo dos inúmeros exemplos que incessantemente apresentam desta verdade as associações femininas de beneficência, bastar-nos-á indicar as dignas irmãs de S. Vicente de Paula.[136]

Quem tem mais justos títulos à estima e veneração da sociedade do que essas admiráveis mulheres, de uma abnegação verdadeiramente cristã, separando-se de suas famílias, no centro das quais grande parte de entre elas gozava de todas as vantagens de uma vida cômoda e deliciosa, para dedicarem-se aos mais laboriosos e rudes trabalhos, socorrendo a humanidade sofredora? Quem jamais, possuindo um coração sensível e a consciência do bem, viu essas sublimes mulheres, em rigorosa simplicidade, correrem de um a outro lado de Paris, ainda nos dias mais nevosos, em noites mais tenebrosas, nas ocasiões mais difíceis, em que a cólera dos povos reaparece vomitando a morte e a desolação, para acudirem aqui e ali aos infelizes que reclamam seus cuidados, ou deixarem a pátria e a comunicabilidade com aqueles que falam o seu idioma, para voar também a países longínquos, alguns mesmo selvagens, com o único fim de serem úteis ao seu semelhante? Quem jamais, dizemos, viu tanta dedicação à verdadeira prática dos preceitos do Homem-Deus, que não sentisse o desejo de ajoelhar-se perante essas virgens modelos e adorá-las?

Talvez um sorriso de motejo roce lábios ímpios de alguns dos que lerem a última linha que deixamos escrita.

Mas até quando a sociedade será de tal modo organizada, que os homens espalhem flores aos pés e arrastem os carros das cantoras e dançarinas, para significar os seus triunfos, e deem um sorriso, ou apenas uma fraca aprovação à virtude em toda a beleza de sua simplicidade?

As irmãs de caridade, mulheres, pela mor parte, de uma grande instrução, bastariam para impor silêncio aos que pretendem (mesmo na França, no seio de sua sociedade ilustrada) que a instrução da mulher é mais prejudicial que útil. Jamais a instrução da mulher pode ser prejudicial quando

---

136 Não muito versada na hagiologia católica, Nísia Floresta confunde, como ocorre comumente, os nomes de S. Francisco de *Paula* (1416-1507), assim dito porque originário dessa cidade italiana, e S. Vicente de *Paulo* (1581-1660), religioso francês, fundador da Congregação dos Lazaristas e das Irmãs de Caridade.

tem por base uma bem-dirigida educação. E, se esta regra apresenta exceção, como naturalmente deve, é ela tão diminuta que escapa à generalidade.

Apesar do apreço em que temos as mulheres das três últimas nações em que tão de passagem falamos, reconhecemos, todavia, que muito tem ainda a sociedade que fazer para que cheguem ao aperfeiçoamento da educação, ali mesmo onde ela tão altamente sobressai à que recebem as mulheres dos outros países.

Assim, compartindo de coração as ideias a respeito da mulher do progressista e eloquente Júlio Michelet,[137] concluiremos a nossa ligeira análise sobre elas, citando uma de suas reflexões, que traz o selo do vivo entusiasmo de sua alma, impregnada do eletrismo de uma convicção a que não se pode resistir quando uma vez se ouve a sua voz:

> *Philosophes, physiologistes, économistes, hommes d'État, nous savons tous que l'excellence de la race, la force du peuple, tient surtout au sort de la femme.*
> *Etre aimée, enfanter, puis enfanter moralement, élever l'homme (ce temps barbare ne l'entend pas bien encore) voilà l'affaire de la femme.*
> *Fons omnium viventium! Quest-ce qu'on ajoutera à cette grande parole?...* [138]

---

137 Júlio Michelet (1798-1874), historiador francês. Além de suas grandes obras, como a *História da França* ou a *História da Revolução Francesa,* deixou ainda as seguintes, relacionadas com a problemática da mulher: *Du Prêtre, de la Femme, de la Famille* (1838), *Femmes de la Révolution* (1854) e *La Femme* (1859).

138 "Filósofos, fisiólogos, economistas, estadistas, todos nós sabemos que a excelência da raça, a força do povo, fundamenta-se sobretudo na condição da mulher. Ser amada, dar à luz, depois dar à luz moralmente, educar o homem (este tempo bárbaro não o entende – ainda bem), eis a tarefa da mulher. *Matriz de todos os viventes!* O que se haverá de acrescentar a tão grande expressão?..."

XIV

Passemos à América, essa poderosa rainha que se apresenta por último no palco da civilização, grandiosamente ataviada de todos os ricos dons da natureza e pulsando-lhe no peito um coração superabundante de nobres e virginais sentimentos.

Os naturais dos Estados Unidos, que com nobre orgulho arrogam-se o nome exclusivo de *americanos,* por serem os únicos de todo este vasto continente que têm até hoje sabido devidamente compreender a grande missão a que está destinada esta parte do mundo, dão à mulher uma situação intermédia, na qual ela goza das vantagens da educação que herdou da metrópole, sem imitar os costumes aristocráticos da Europa.

Os prejuízos e afetação do bom-tom das velhas sociedades não têm podido ainda conseguir inocular-se no seu espírito eminentemente positivo.

Como tudo o que é novo e vigoroso, de uma origem boa e fecunda, o espírito anglo-americano tende a desenvolver as qualidades que lhe são inatas, para obter a realização das altas concepções do gênio europeu. Mas, permanecendo fiéis aos sábios princípios do imortal Washington, os filhos da União distinguem-se de todos os povos civilizados na preferência que sabem dar a tudo o que tem o cunho da verdade e do útil.

A fórmula não tem ainda um culto entre esse grande povo e o que alguns franceses lhe notam de rigidez de princípios, levada às vezes até a grosseria, não é mais que a expressão da simplicidade e franqueza que constituem o caráter deste povo livre e independente. Grande diferença há entre a polidez dos franceses e a sequidão de maneiras que em geral conservam os americanos de seus antepassados.

Todos sabem que, quanto mais ociosa é uma nação, tanto maior é o espírito de galanteio que a domina: os importantes trabalhos que ocupam os americanos do Norte não lhes deixam tempo para a polidez dos franceses.

Assim, levam eles o amor do útil a tal ponto, que, sendo a sua nação uma das que possuem maior número de escolas primárias e secundárias, de sociedades científicas e literárias, aprofundam somente as ciências de que podem tirar resultados aplicáveis ao engrandecimento de seu país.

XV

Já se vê, pois, que um tal povo não podia negligenciar os meios mais eficazes de colocar a mulher em um estado correspondente ao seu plano de prosperidade.

"Na América", diz F. Cooper,[139] "a mulher parece ocupar o seu verdadeiro lugar na ordem social. Mesmo nas condições inferiores é ela tratada com as atenções e respeitos devidos aos seres que cremos depositários dos princípios mais puros de nossa natureza. Nos limites sagrados de sua esfera, ela está ao abrigo da corrupção que nasce de um comércio demasiadamente frequente com o mundo. É sempre a amiga de seu marido, algumas vezes seu conselheiro."

Outro escritor diz ainda:

> Em nenhuma parte a mulher é mais completamente a companheira do homem; em nenhuma parte é ela mais livre de dispor do seu coração e de sua mão; mas em parte alguma também ela tem um sentimento mais profundo de seus deveres, da santidade de sua missão providencial, quando transpõe o limiar da casa conjugal.

No momento em que escrevemos estas linhas, um precioso livro de uma americana do Norte vem oferecer-nos uma amostra da educação e do desenvolvimento da inteligência de suas mulheres.

Mrs. Stowe[140] é o verdadeiro tipo da americana e o mais perfeito modelo que se pode apresentar a todas as mulheres.

Educação religiosa e moral, espírito eminentemente cultivado, amor do trabalho, de que deu exuberantes provas desde sua primeira juventude, dirigindo com zelo e perseverança o ensino da mocidade, prática das virtudes domésticas no estado de esposa e de mãe, solidez de uma razão esclarecida, coragem heroica, de que deu exemplo publicando (em face dos terríveis abusos de uma lei que nodoa sua nação e que sua nação tolera ainda) um livro em que a censura acremente nesta imperdoável falta; tudo isso se reúne nesta admirável mulher que acaba de conquistar a aprovação dos filósofos, a estima dos corações bem-formados e um nome imortal na posteridade.

---

139 James Fenimore Cooper (1789-1851), escritor americano da fase romântica. A passagem consta do livro *Notions of the Americans, Picked Up by a Travelling Bachelor.* London: Henry Colburn, 1828, p. 141.

140 Harriet Beecher-Stowe (1811-1896), educadora e romancista americana, autora de *A Cabana do Pai Tomás*.

A raça anglo-saxônica, amando a verdade, tem achado meio de fazer a guerra à mentira.

A célebre autora de *A Cabana do Pai Tomás,*[141] digna descendente desta raça, guiada pelo nobre e grandioso sentimento de humanidade, tentou resgatar sua pátria da nódoa que a deslustra na marcha do espantoso progresso, em que ela se mostra aos povos.

Quando um tal modelo de perfeições morais se patenteia nos Estados Unidos, julgamos ocioso tudo o que pudéssemos acrescentar, para provar o desenvolvimento progressivo da educação da mulher nessa Europa da América, que excederá bem cedo a todas as nações do mundo pelo gênio empreendedor de seus habitantes e pelo espírito de associação e de comércio que vai tão grandemente desdobrando.

141 *A Cabana do Pai Tomás* apareceu primeiro em 1850, como folhetim no *The National Era*, jornal antiescravagista de Washington, e só dois anos depois foi reunido em livro. A referência a essa obra no *Opúsculo*, publicado em 1853, dá bem uma ideia de como Nísia Floresta se mantinha em dia com a literatura de seu tempo.

XVI

O livro de Mrs. Stowe é um primor de moral, de delicadeza de estilo, de sentimentos sublimes, de preceitos cristãos, simples e habilmente dirigidos por mão feminina, que sabe toda a superioridade que tem a doce eloquente voz da persuasão, demonstrando os crimes em presença de suas vítimas, debaixo das formas mais capazes de inspirar o interesse e a compaixão, sobre o brado da rígida moral que severamente acusa a sociedade de qualquer povo de havê-los praticado. Essa obra pode ser considerada como um moderno Evangelho, em que todos os corações americanos deveriam ir beber as lições do Cristo, transmitidas pelo apóstolo feminino a quem Ele as inspirou.

Nós, outros brasileiros que lemos esse livro corando do opróbrio que igualmente pesa sobre a nossa terra, nas reproduções daquelas cenas de horror que tão pateticamente descreve a insigne Stowe, deveríamos fazer nossos filhos decorar algumas de suas páginas mais salientes, a fim de podermos guardar a consoladora esperança de que as gerações futuras farão apagar, nos que lerem um dia a nossa história, a impressão dolorosa dos crimes cometidos pelas gerações presentes sobre a mísera raça africana.

Possa a mocidade brasileira, essa flor esperançosa do nosso grandioso futuro, aprender do filantropo Saint-Claire, do senador Bird e de sua esposa, de Mrs. Shelby, da digna quaker Raquel, da celeste pequena Eva, tipo sublime do amor da caridade, e, sobretudo do jovem George,[142] os sentimentos que devem distinguir o verdadeiro cristão.

---

142 Os nomes citados são de personagens do romance de Harriet Beecher-Stowe. Ao identificar neles "os sentimentos que devem distinguir o verdadeiro cristão", Nísia Floresta toma posição contra a escravatura vigente em seu país: a recente lei (1850) Eusébio de Queiroz apenas proibia a importação de escravos africanos.

XVII

É tempo de voltarmos ao nosso caro Brasil, cujo interesse inspirou--nos este trabalho, e repetir a exclamação com que começamos este opúsculo:

"Povos do Brasil, que vos dizeis civilizados! Governo, que vos dizeis liberal! Onde está a doação mais importante dessa civilização, desse liberalismo?"

Temos já transposto metade do século XIX, século marcado pelo Eterno para nele revelar ao homem estupendos segredos da ciência, tendentes a aplainar as grandes dificuldades que se opõem[143] à universalidade do aperfeiçoamento das ideias, em ordem a fraternizar todos os povos da terra.

Temos testemunhado o empenho dos homens pensadores das nações cultas em harmonizar a educação da mulher com o grandioso porvir que se prepara à humanidade.

Nada, porém, ou quase nada temos visto fazer-se para remover os obstáculos que retardam os progressos da educação das nossas mulheres, a fim de que elas possam vencer as trevas que lhes obscurecem a inteligência, e conhecer as doçuras infinitas da vida intelectual, a que têm direito as mulheres de uma nação livre e civilizada.

Deus depôs no coração da brasileira o germe[144] de todas as virtudes. Vejamos o impulso que o governo e os homens da nossa nação têm dado a este germe precioso, como têm eles cultivado e feito desabrochar as flores, madurar os frutos que se devem[145] esperar de uma planta de abundante seiva, sob os cuidados de um hábil e sábio horticultor.

---

143 No original o verbo está no singular.

144 No original, está gérmen (duas vezes nesse parágrafo), forma então preferida.

145 No original o verbo está no singular.

XVIII

Não ignoramos que imos[146] encetar uma matéria tanto mais difícil quanto teremos de ferir prejuízos[147] inveterados e o mal-entendido amor-próprio daqueles que julgam as coisas em muito bom estado só porque tal era a opinião de seus antepassados. Mas o desejo ardente que nos cala n'alma, de ver o nosso país colocado a par das nações progressistas, nos impõe a obrigação de franca e imparcialmente analisar a educação da mulher no Brasil, esperando excitar, com o nosso exemplo, penas mais hábeis que a nossa a escreverem sobre um assunto que infelizmente tão desprezado tem sido entre nós.

Aqueles que escrevem tão somente pelo bem da humanidade – que não por orgulho ou pela triste vaidade de fazerem-se um nome, ainda mesmo nos países onde um nome literário tem pátria e glória – não cogitam do juízo parcial dos que limitam os interesses da humanidade no mesquinho círculo de seus interesses pessoais.

Não nos embala a vã pretensão de operar uma reforma no espírito de nosso país. Por demais sabemos que muitos anos, séculos talvez, serão precisos para desarraigar herdados preconceitos a fim de que uma tal metamorfose se opere. Esperamos somente que os zelosos operários do grande edifício da civilização em nossa terra atentem para os exemplos que a história apresenta do quanto é essencial aos povos, para firmarem a sua verdadeira felicidade, o associarem a mulher a esse importante trabalho.

A esperança de que, nas gerações futuras do Brasil, ela assumirá a posição que lhe compete nos pode somente consolar de sua sorte presente. Entretanto, sigamos o exemplo do pobre e corajoso explorador de nossas virgens florestas, exposto aqui e ali à mordedura de venenosos répteis, para rotear um campo que outros terão de semear e de colher-lhe os saborosos frutos... Felizes nós se pudéssemos conseguir o primeiro resultado desse trabalho, que muito nos lisonjearíamos de oferecer às nossas conterrâneas como penhor do verdadeiro interesse que elas nos inspiram.

---

146 Forma arcaica de "vamos".
147 Preconceitos.

XIX

Mais de um moralista tem estabelecido o princípio que julgamos ter já demonstrado, isto é, que a educação da mulher muita influência tem sobre a moralidade dos povos e que é ela a característica mais saliente de sua civilização.

Isto posto, indaguemos, à vista do estado atual da educação das nossas brasileiras, quais os meios que se têm[148] empregado, há mais de três séculos, para promover o seu desenvolvimento, a fim de conseguir os resultados felizes que dela se devem[149] esperar, quando dirigida por instituições sábias e liberais.

Retiremos por agora os olhos das tristes páginas de nossa história, concernentes à situação da mulher indígena, depois que o farol do cristianismo veio esclarecer esta mais deliciosa porção do novo mundo. Nós a analisaremos em lugar competente e com o coração profundamente compenetrado da sua sorte.

Tratemos primeiramente das mulheres a quem os homens da civilização, entre nós, denominam brasileiras, isto é, as mulheres não indígenas que nascem de famílias livres, ou aquelas que a bondade dos pais resgata, na pia batismal, do triste selo da escravidão.

Não é na história de nossa terra que iremos estudar a situação de nossas mulheres, porque infelizmente os poucos homens que têm escrito apenas esboços dela não as acharam dignas de ocupar algumas páginas de seus livros.

Assim, recorreremos aos viajantes estrangeiros que consagraram alguns de seus escritos à narração, por vezes alterada, do caráter e costumes das brasileiras, para tratarmos delas nas províncias em que não temos nós mesmos viajado e sido testemunhas oculares da maneira por que é dirigida ali a sua educação.

---

148 No original o verbo está no singular.

149 No original o verbo está no singular.

XX

É uma triste verdade ter o Brasil herdado de sua metrópole o desprezo em que teve ela sempre a educação do sexo.

Os portugueses, levando suas armas e seus missionários a outras regiões do mundo, explorando a glória pela reunião destas duas forças heterogêneas, que eles sabiam tão bem empregar para subjugar os povos, embriagavam-se demasiadamente em seus grandes triunfos para poderem ocupar-se, como deviam, da instrução da mulher, que, segundo a opinião da maioria de seu país – mais afeita aos costumes mouriscos que aos dos povos do Norte –, não há mister de outros conhecimentos além daqueles que a habilitam a ser a primeira e mais útil servente de sua casa.

A glória das armas e das conquistas era a única a que aspirava o seu gênio belicoso. Dessa glória, porém, nenhuma vantagem resultava à mulher, a não ser a dos efêmeros triunfos que lhe davam os combatentes das justas e torneios, quebrando lanças que depunham a seus pés como uma homenagem a suas graças ou a seu amor.

Essa homenagem, que os homens da Idade Média criam render ao verdadeiro mérito da mulher, caracteriza-se na conduta de Magriço[150] e de seus companheiros, que tanto orgulho inspirou aos cavaleiros daquele tempo. Esses doze *famigerados* guerreiros, indo tão dramaticamente *desafrontar* as damas inglesas, em vez de empregarem o seu valimento e a sua bravura em pugnar pela reforma da educação das damas portuguesas, que jaziam envoltas no espesso véu da ignorância, forneceram um exemplo mais da leviandade do homem, procurando a glória onde ela menos reside.

Mas fora sempre este o espírito de sua nação, onde as ciências e as artes nunca tiveram grande incremento fora do claustro, essa barreira insuperável ao progresso das ideias. Entretanto, se aquelas eram ali suplantadas pelas armas, mesmo sob o reinado de seus mais ilustrados soberanos, alguns gênios sobressaíram na terra tão altamente decantada por Camões, a despeito dos obstáculos que se opunham aos seus mais altaneiros voos.

---

150 Apelido de uma das personagens da história de cavalaria *Os Doze de Inglaterra,* os quais tomaram a missão de irem desafrontar doze damas na terra dos britânicos. O nome de Magriço era Álvaro Gonçalves Coutinho. A ele se refere Camões em *Os Lusíadas:* “Pois pelos doze Pares, dar-vos quero / Os doze de Inglaterra e o seu Magriço” (I, 12).

XXI

O sexo, a quem era vedado transpor o pórtico de qualquer estabelecimento científico ou literário, forneceu também, posto que em pequeno número, alguns espíritos superiores. Citaremos Públia Hortência de Castro,[151] que, sob os trajes masculinos, frequentou com seu irmão a Universidade de Coimbra, onde obteve os grandes conhecimentos que excitaram a admiração dos homens de sua época, inclusive Filipe II.

Essa escritora, superior – pelas dificuldades que teve a vencer para penetrar no santuário da ciência – às Catarinas,[152] Lacerda,[153] Balsemão,[154] Alorna[155] etc., provou que, se as mulheres portuguesas não puderam colher os louros literários que ornam as mulheres do Norte, não é porque lhes falte capacidade intelectual, mas porque os prejuízos de sua pátria as restringem no acanhado círculo de errôneos preconceitos.

Com a negligência do povo português a respeito da educação do sexo se pode somente comparar a desapreciação (deixamos aos de seu próprio país uma classificação mais forte) em que ele teve sempre os seus maiores homens que tanto o ilustraram. O estrangeiro, que percorre a histórica Portugal em procura dos monumentos elevados aos Henriques,[156] Nuno Álvares,[157]

---

151 Públia Hortênsia de Castro (+1595) foi um dos assombros femininos da história de Portugal. Como quisesse obter um diploma científico e isso fosse proibido para as mulheres de seu tempo, vestiu-se de homem e, com seu irmão Jerônimo de Castro, matriculou-se na universidade, tendo se graduado muito jovem e com retumbante êxito. Deixou manuscritos poéticos em latim e português, além de um opúsculo teológico. Filipe II, da Espanha, premiou-a com uma pensão de vinte mil réis.

152 Duas Catarinas de Portugal deixaram nome de versadas no terreno das letras: a infanta Catarina (1436-1463), filha de D. Duarte, de quem se publicou uma tradução do *Livro da Regra e Perfeição da Conversação dos Monges* (1531), de São Lourenço Justiniano; e a Duquesa de Bragança (1540- -1614), autora de diversos manuscritos, entre os quais um em que defendia o seu direito à coroa de Portugal como sucessora de D. Sebastião.

153 Bernarda Ferreira de Lacerda (1595-1644) teve extraordinária reputação como poliglota e poetisa. Conta-se que recusou o convite de Filipe II da Espanha para ser a mestra dos filhos deste, D. Carlos e D. Fernando. Lope da Vega dedicou-lhe a écloga *Filis* (1635) e muito a enalteceu no *Laurel de Apoio*. Dela, a obra mais conhecida intitula-se *Soledades de Bucaço* (1634).

154 A Viscondessa de Balsemão (1749-1824), chamada a "Safo Portuguesa", foi, junto com a marquesa de Alorna, figura das mais salientes no mundo literário do século XVIII, em Portugal. Publicou poesias e dramas, além de uma tradução de *As Solidões*, de Cronck.

155 A marquesa de Alorna, D. Leonor de Almeida (1750-1839), foi a Mme. de Staël portuguesa. As suas *Obras Poéticas* constituem a ponte entre o classicismo e o romantismo em Portugal.

156 D. Henrique, o Navegador (1394-1460), fundador da Escola de Sagres.

157 Nuno Álvares Pereira (1360-1431), guerreiro, condestável, lido como santo português.

Castro,[158] Gama,[159] Camões,[160] Pombal[161] etc., não pode deixar de aprovar a imparcialidade do vate português,[162] quando em seu entusiasmo patriótico revoltou-se contra a injustiça de seus conterrâneos, nesta virulenta apóstrofe contida no seu *Camões:*

> Onde jaz, portugueses, o moimento[163]
> Que do imortal cantor as cinzas guarda?
> Homenagem tardia lhe pagastes
> No sepulcro sequer… raça d'ingratos!
> Nem isso! Nem um túmulo, uma pedra,
> Uma letra singela! – A vós meu canto,
> Canto de indignação, último acento
> Que jamais sairá da minha lira,
> A vós, ó povo do universo, o envio.[164]

---

158 Inês de Castro (1320?-1355), amante de D. Pedro (1320-1367), rei de Portugal de 1357 a 1367

159 Vasco da Gama (1469-1524), descobridor do caminho das índias.

160 Luís Vaz de Camões (1524-1580), o poeta de *Os Lusíadas.*

161 Sebastião José de Carvalho e Mello, marquês de Pombal (1699- -1782), ministro de Estado, representante do iluminismo no governo português.

162 Almeida Garrett (1799-1854). O seu poema *Camões* foi publicado em 1825.

163 Monumento.

164 A citação é de parte da última estrofe do poema de Garrett.

XXII

As ideias estacionaram na linda terra dos Afonsos. Os cantos de seus altos feitos, retumbando peias montanhas alcatifadas de flores, sob o poético céu de Portugal, iam morrer no seio de outras terras e de outros povos, eternizando o nome português, sem que após esses feitos o farol da filosofia iluminasse o espírito dessa nação e a guiasse à única verdadeira glória.

Baldo de tão sábio e poderoso guia, que pode só conduzir os povos à felicidade, esse formidável colosso de armas caiu, como cai o pano de um teatro, depois da representação admirável de um grande drama cujas cenas extraordinárias haviam prendido a atenção e extasiado a alma dos espectadores.

Os prejuízos de Portugal estenderam-se sobre as vastas plagas do Brasil debaixo de um aspecto mais desfavorável, pois que tiveram de envolver nossa límpida atmosfera no tenebroso manto da escravidão, que Portugal repelia de seu seio e que seus filhos traziam a infestar a nossa sociedade, manchando-a perante as sociedades da Europa, onde mais de uma vez tivemos de corar, ouvindo incluir os brasileiros na censura em que ali incorrem, e horror que inspiram, os povos traficadores da espécie humana.[165]

O Brasil recebeu de sua metrópole tudo o que lá havia menos capaz de desenvolver o espírito e fazer sobressair as vantagens deste novo e rico solo, tão ardentemente disputado aos sucessores de Cabral pelos povos do Norte, que o teriam incontestavelmente melhor preparado para um mais glorioso porvir.[166]

Concordamos, bem a nosso pesar, nesta verdade, porque fazemos justiça e rendemos profunda homenagem aos dignos antepassados dos três grandes escritores que representam atualmente a trindade literária de Portugal, A. Herculano, A. Feliciano de Castilho e A. Garrett.[167]

Mas todos sabem que não de homens tais e, sim, de pessoas vulgares, de aventureiros intrépidos, ou de condenados pelas leis do seus país se compunha a maior parte das expedições que aportavam às praias brasileiras

---

165 Mais outro depoimento em que transparece a posição abolicionista de Nísia Floresta.

166 Neste ponto, a autora incorre na ingenuidade tradicionalmente arraigada no seio de sua cultura: a de atribuir as mazelas da formação social brasileira à colonização lusitana, imaginando que "os povos do Norte" teriam feito melhor figura como exploradores do Brasil. Este complexo antilusitano lhe será perdoado, todavia, se comparado, por exemplo, com a germanofilia de Tobias Barreto.

167 Ainda hoje a história da literatura consagra os nomes de Alexandre Herculano (1810-1877), Almeida Garrett (1799-1754) e Antônio Feliciano de Castilho (1800-1875) como os representantes máximos da primeira fase do romantismo português.

e iam povoando, pouco a pouco, este imenso território, disputando-o muitas vezes atrozmente a seus legítimos possuidores, que por tanto tempo gemeram sob o jugo iníquo do cativeiro.

Pouco avultavam, pelo meio dessa geral invasão, os sentimentos humanitários dos dedicado Nóbrega e exemplar Anchieta, esses verdadeiros apóstolos do Cristianismo.

XXIII

A sede de ouro, a ambição de domínio, ou o caráter despótico dos que anelavam por um vasto teatro para nele representarem suas cenas, por vezes mais bárbaras que as dos próprios selvagens, atraíam então ao Brasil, com algumas exceções, os colonos, donatários, governadores, capitães-generais e vice-reis. Conferia-se quase sempre (cremos que mais por ignorância do que por cálculo) a execução da lei, no interior, a homens brutais ou sanguinários, que, arvorados da autoridade de capitão-mor, decidiam a seu livre-arbítrio (como tivemos a infelicidade de testemunhar ainda em nossos dias na província de Pernambuco) da vida de honestos cidadãos, de virtuosos pais de família que caíam em seu desagrado.[168]

O nobre coração do príncipe regente D. Pedro se havia bem penetrado desta verdade, quando disse em seu *Manifesto,* de 6 de agosto de 1822:

> Quando, por um acaso, se apresentara pela primeira vez esta rica e vasta região brasílica aos olhos do venturoso Cabral, logo a avareza e o proselitismo, móveis dos descobrimentos e colônias modernas, se apoderaram dela por meio da conquista, e leis de sangue, ditadas por paixões e sórdidos interesses, firmaram a tirania portuguesa. [...] E, porquanto a ambição do poder e a sede de ouro são sempre insaciáveis e sem freio, não se esqueceu Portugal de mandar continuamente baxás desapiedados, magistrados corruptos e enxames de agentes fiscais de toda espécie, que no delírio de suas paixões e avareza, despedaçavam os laços da moral assim pública como doméstica etc.

Bem se vê, pois, que de tais homens não podia provir vantagem alguma para o progresso das ideias e, por conseguinte, da educação da mulher.

Saber habilmente manejar os bilros com que faziam grosseiras rendas, girar o fuso para reduzir o algodão a grosso fio, pegar na agulha sem o conhecimento dos delicados trabalhos que dela se podem obter, conhecer o ponto da calda para as diferentes compotas e doces secos, laborar a lançadeira do tear, bambolear a pequena urupema e a fina peneira para preparar depois as massas, colorir as escamas dos peixes ou adaptar as variadas penas dos lindos pássaros tropicais à simetria das flores que fabricavam com umas e outras etc. – tais eram geralmente as ocupações que revelavam o talento da jovem brasileira.

---

168 Nessa passagem, Floresta está se referindo, obviamente, ao assassinato de seu próprio pai, Dionísio Gonçalves Pinto Lisboa, pelo capitão-mor A. Uchoa Cavalcanti, fato ocorrido no dia 17 de agosto de 1828.

As excelentes qualidades que se perpetuavam, muitas vezes, em algumas famílias patriarcais, atraindo-lhes a estima geral, permaneciam, entretanto, como o diamante não lapidado, ocultando o seu verdadeiro brilho.

XXIV

O Brasil, cuja importância aumentava a cada dia pela sua população e pelas vantagens que ofereciam as suas copiosas minas e ricos produtos, permanecia ainda inteiramente dependente dos caprichos de Portugal, pigmeu insuflado de suas glórias passadas, conservando a vaidosa pretensão de continuar a reprimir o gigante que, a duas mil léguas, parecia dormitar sob a pressão de suas pesadas cadeias.

A longa resignação de seus filhos, quase sempre preteridos quando em concorrência com os da metrópole na distribuição de suas graças, sempre submetidos ao despotismo, que invadia e devorava o mesmo campo da ciência, tal como o do conde de Resende,[169] perseguidor atroz daqueles que, como o nosso ilustre moralista marquês de Maricá,[170] se distinguiam nos trabalhos da inteligência deixava Portugal laborar naquele erro que tão fatal tinha de ser à sua prosperidade.

Sabe-se que nenhuma academia nem escola regular possuía a nossa terra até os princípios do presente século,[171] onde os seus filhos, explorando com vantagem as ciências a que se dedicavam, pudessem obter um título que os distinguisse no mundo científico e literário.

Não somente para esse fim, como para terem conhecimentos exatos até dos estudos preliminares, eram eles obrigados a ir em longínqua distância à metrópole. Se era isso uma medida política do seu governo, a nós não compete ventilá-lo. Queremos somente concluir que, nesse estado, nenhum recurso podia o Brasil oferecer à mulher que desejasse cultivar a sua inteligência.

Embalde tentaria ela instruir-se em qualquer outra coisa, a não ser nas ocupações materiais da vida doméstica, porquanto as lições que recebiam algumas meninas, nas casas intituladas escolas – onde, sentadas por terra em pequenas esteiras ou toscos estrados, abrindo de vez em quando, sobre

---

169 D. José Luís de Castro, segundo conde de Resende (1744-1819), vice--rei do Brasil, figura muito impopular como governante, perseguidor dos que simpatizavam com as ideias do enciclopedismo francês.

170 Mariano José Pereira da Fonseca, marquês de Maricá (1773-1848): em 1843, saíram em livro as suas *Máximas, Pensamentos e Reflexões*, coletânea de lugares-comuns de cunho moralizante, muito apreciadas desde então. Em que pese tomá-lo como "nosso ilustre moralista", Nísia Floresta desenvolve seu pensamento e sua ação em claro desacordo com as banalidades reacionárias do famigerado marquês, de modo especial no tocante ao papel social da mulher.

171 Foi só após a transferência da Família Real portuguesa para o Brasil, em 1808, que se abriram no Brasil as primeiras academias, voltadas à formação do quadro de pessoal necessário à máquina burocrática do Estado. Em 1827 passaram a funcionar, em São Paulo e Olinda, as primeiras escolas destinadas à formação de bacharéis em ciências jurídicas.

a almofada de renda ou de costura que faziam com rigorosa tarefa, errados manuscritos, e a cartilha do padre Inácio,[172] que lhes iam materialmente explicando –, eram tão mal dirigidas e por vezes tão perniciosas, que tendiam antes a estreitar do que a dilatar-lhes o espírito, a viciá-lo, antes do que enobrecê-lo.

172 Inácio de Loyola (1491-1556), fundador da Companhia de Jesus: referência crítica ao jesuitismo imperante na educação brasileira.

XXV

As escolas de ensino primário tinham antes o aspecto de casas penitenciárias do que de casas de educação. O método da palmatória e da vara era geralmente adotado como o melhor incentivo para o desenvolvimento da inteligência.

Não era raro ver-se nessas escolas o bárbaro uso de estender o menino que não havia bem cumprido os seus deveres escolares em um banco e aplicarem-lhe o vergonhoso castigo do açoite.

Se as meninas que em muitos desses repugnantes estabelecimentos eram admitidas de comum com o outro sexo ficavam isentas dessa sorte de barbaria, não deixavam, entretanto, de presenciá-la por vezes e de receber uma impressão desfavorável que muito concorria para enervar-lhes a delicadeza e modéstia, que, de outra sorte dirigidas, tanto realce dão às qualidades naturais da mulher.

A palmatória era o castigo menos afrontoso reservado às meninas por mulheres, em grande parte, grosseiras, que faziam uso de palavras indecorosas, lançando-as ao rosto das discípulas onde ousavam imprimir alguma vez a mão, sem nenhum respeito para com a decência nem o menor acatamento ao importante magistério que, sem compreender, exerciam.

O sistema inquisitorial das torturas infringidas às inocentes vítimas do Santo Ofício, que sob outra forma e com diverso fim transpusera o Atlântico, presidia ao ensino da mocidade brasileira, ministrado por severos jesuítas ou por mestres charlatães, cujo mérito consistia em saber soletrar alguns clássicos portugueses e assassinar pacificamente Salústio, Tito Lívio, Virgílio e Horácio.

Esta inaudita e brutal severidade era sancionada por um grande número de pais cuja educação tinha sido assim feita e cujo rigor doméstico não era menos cruel.

Com algumas modificações continuou infelizmente este regime muito tempo depois. Pais e filhos estavam ainda por educar, como se vê desta observação do conde dos Arcos[173] a um mestre de escola da Bahia, que se lamentava do pouco resultado de seus grandes esforços para bem dirigir a educação de seus discípulos: "Será preciso primeiramente educar os pais, para que se possa conseguir a boa educação dos filhos".

Não deixaremos, entretanto, passar esta observação, posto que justa,

---

173 D. Marcos de Noronha e Brito, oitavo conde dos Arcos (1771-1828): último vice-rei do Brasil (1806-1808), depois governador-geral da capitania da Bahia. Em 1817, foi ministro da Marinha de D. João VI e, com o regresso deste a Portugal, presidente do ministério com o príncipe D. Pedro.

sem que acrescentemos outra, e que vem a ser que não era a um filho do país a quem o Brasil deve todos os seus erros e prejuízos que cabia censurar uma falta dele procedente, e tão geralmente nele cometida.

Demais, o célebre introdutor das primeiras comissões militares no Brasil, digno sectário da doutrina de Hobbes[174] – que pretende ser o despotismo ordenado pela religião –, não devia censurar a falta de uma educação esclarecida, sem a qual mais facilmente os homens se submetem ao absolutismo de seus governantes.

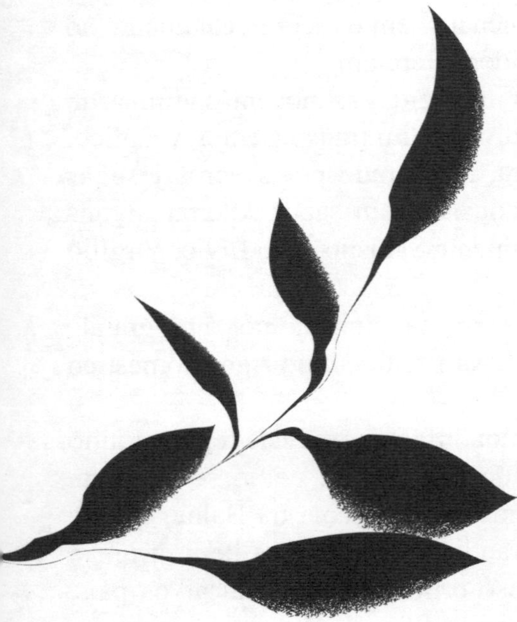

174 Thomas Hobbes (1588-1679), autor de *O Leviatã* (1651), entre outros ensaios filosóficos. A sua concepção da sociedade se fundamenta numa visão pessimista, o que o levou a ser um dos pregoeiros do absolutismo.

XXVI

Quanto mais ignorante é um povo tanto mais fácil é a um governo absoluto exercer sobre ele o seu ilimitado poder.

É partindo deste princípio, tão contrário à marcha progressiva da civilização, que a maior parte dos homens se opõe a que se facilite à mulher os meios de cultivar o seu espírito. Porém, é este um erro que foi e será sempre funesto à prosperidade das nações, como à ventura doméstica do homem.

O país onde o soberano é mais absoluto é justamente aquele em que o seu poder está menos seguro. É esta a ideia do próprio Fénelon,[175] depois de ter apoiado a aristocracia.

A força não pode nunca persuadir, mas sim fazer hipócritas.

Assim como um governo paternal é o mais próprio a fazer a felicidade dos povos e a inteligência destes, devidamente cultivada, o melhor incentivo para o exato cumprimento de seus deveres – assim também a educação moral é o guia mais seguro da mulher, a estrela Polar que lhe indica o norte, no frágil batel em que ela tem de navegar por esse mar semeado de abrolhos, a que se chama vida.

A falta de uma boa educação é a causa capital que contribui para que a mulher, no meio da corrupção da sociedade, perca esse norte, o qual não é outro mais que a moral.

Procurando-se sempre prender-lhe a inteligência, enfraquecer-lhe os sentidos, inabilitam-na para ocupar-se, como devia, antes de tudo do cuidado de purificar o seu coração, o que nunca poderá ela vantajosamente conseguir, se a sua inteligência permanecer sem cultura.

Bem diversas desta doutrina são as de Rousseau e Gregory,[176] quando lhe aconselham o gosto pelos adornos (que ambos pretendem ser natural às mulheres) e embelecer os dotes do corpo, tirando da beleza física e do artifício os meios para subjugar os homens.

Todos os que têm escrito sobre a educação da mulher, pregando tão errôneas doutrinas e considerando-a debaixo do ponto de vista puramente material, não têm feito mais do que tirar-lhe toda a dignidade de sua natureza.

Mulheres assim educadas seriam próprias para fazer as delícias de

---

175 François de Salignac de La Mothe-Fénelon (1651-1715), bispo e literato francês, autor de livros pedagógicos, como *Da Educação das Moças* (1687) e, o mais famoso, *As Aventuras de Telêmaco* (1699), escrito como texto educativo para os três filhos do grande Delfim da França.

176 Floresta deve estar aludindo a Olinthus-Gilbert Gregory (1774--1841), matemático e astrônomo inglês, que escreveu também diversos artigos e comentários no *Gentlemen's Diary* e no *Ladies' Diary,* de que foi editor.

qualquer epicurista em um harém, mas cremos que nenhuma de nossas brasileiras amará semelhante existência, a não ser a que é indigna de outra melhor. Qual é aí o homem razoável e honesto, que se contente de uma esposa, que prefere passar no seio dos prazeres do mundo entregue às futilidades de uma vida de dissipação e indolência, antes que no empenho constante de restabelecer seu direito aos gozos razoáveis, e de ilustrar-se pela prática das virtudes que honram a espécie humana e contribuem para a felicidade?

XXVII

A mulher é, como o homem, conforme se exprime o sublime Platão, uma alma servindo-se de um corpo.

É um absurdo, pois, uma profanação mesmo, pretender-se que essa alma, obra-prima do Criador, para o seio do qual tem de volver, consagre o corpo que anima na rápida passagem desta vida, unicamente a fúteis adornos, a graças factícias, para deleitar as horas de ócio de uma criatura sua igual, que vemos ceder mais ao império dos sentidos que ao da razão.

Todos esses princípios subversivos, espalhados com tanta profusão por penas mais ou menos hábeis de pretendidos melhoradores da educação da mulher, confirmando o antiquado e funesto prejuízo de que ela deve somente aspirar ao império das graças exteriores, só têm[177] feito com que se aumente o número, já tão considerável, de escravas, procurando iludir despóticos ou fanáticos senhores a fim de haverem, pela fraude, um cetro que elas deveriam conquistar pela razão, se lhes deixassem a liberdade de aperfeiçoarem as suas faculdades morais.

A fraqueza física é um dos pretextos de que se prevalecem certos sofistas para subtraírem a mulher ao estudo, para o qual a julgam imprópria. Não é a natureza física, como pretende Helvécio,[178] que faz a superioridade do homem, mas sim a inteligência. Voltaire, Racine, Pascal e outros muitos, de uma compleição demasiadamente delicada, comprovam esta verdade. E a inteligência, que não tem sexo, pode ser igualmente superior na mulher, salvo a opinião de alguns materialistas cujo espírito fraco identificou-se, permita-se-nos a expressão, com o escalpelo afeito a revelar-lhes a organização animal, que não a inspirar-lhes os sublimes pensamentos de Duvernoy,[179] Schönlein,[180]

177 No original consta o verbo no singular.

178 Claude-Adrien Helvetius (1715-1771). A sua obra capital, *De l'Esprit* (1758), foi queimada em público por ordem do Parlamento, devendo o autor retratar-se por ofensas à religião e ao regime político imperante. Autor também de um estudo *Sobre o Homem, Suas Faculdades Intelectuais e Sua Educação* (1772). Helvetius era filósofo hedonista e utilitário, cujo sensualismo tudo reduzia ao puro orgânico, no plano individual, e ao egoísmo mais exacerbado, na esfera social.

179 Georges Louis Duvernoy (1777-1855): anatomista francês. Ocupou a cadeira de História Natural no Colégio de França a partir de 1837.

180 Johann Lukas Schönlein (1793-1864): médico alemão. Deixou seu nome ligado a um novo sistema nosológico, em que as enfermidades estão divididas em classes, famílias, grupos e gêneros.

Orfila[181] e do eloquente Serres,[182] quando, na indagação dessa nobre ciência que reclamam as dores físicas da humanidade, eles enlevam a alma de seus admiradores por suas filosóficas considerações.

Se a natureza deu à mulher um corpo menos robusto que ao homem, não tem ela, por isso mesmo, mais precisão do exercício de suas faculdades intelectuais para que possa melhor preencher os deveres de filha, esposa e mãe, sem descer ao artifício?

Porém, um erro ainda mais funesto vem, adornado dos atrativos que podem melhor lisonjear os sentidos e triunfar da razão, sobrestar os progressos da educação do sexo: é o axioma ridículo de que a fraqueza constitui um de seus primeiros encantos.

"A fraqueza pode excitar e lisonjear o arrogante orgulho do homem", diz uma célebre escritora inglesa, "mas as carícias de um senhor, de um protetor, não satisfarão uma alma generosa que quer e merece respeito."[183]

Não por certo. E o homem delicado e justo, compreendendo devidamente este respeito, sabe-o tributar à energia da razão que combate, e não à fraqueza que se humilha.

---

181 Mathieu Joseph Bonaventure Orfila (1787-1853), médico francês. Autor de *Tratado dos Venenos* (1813), tido como consulta obrigatória para os estudiosos de medicina legal, no campo da toxicologia.

182 Com o sobrenome de Serres, dois cientistas franceses contemporâneos de Nísia Floresta podem ser objeto desta referência: Pierre Marcel Toussaint de Serres (1783-1862), professor de história natural em Montpellier; Augustin Serres (1786-1868), especialista em anatomia comparada e embriologia.

183 A escritora citada indiretamente talvez seja Mary Wollstonecraft, autora de *Reivindicação dos Direitos da Mulher* (1792).

XXVIII

Repelindo com profunda indignação o princípio daqueles que apresentam a mulher naturalmente inclinada a fixar a atenção do homem pelas graças exteriores, incapaz de reflexão e apta somente para oferecer-lhe agradáveis passatempos, fazemos justiça à maioria dos nossos conterrâneos para pensar que não eles, mas somente os libertinos podem assim agredir os domínios da razão e profanar a dignidade da virtude. Destes temos piedade, porque passam por esta transitória vida envolvidos na densa atmosfera das paixões sensuais, sem que os seus olhos descortinem jamais o radiante sol da verdade.

Se todos os homens, porém, tivessem o espírito justo, como pensa Helvécio, veríamos nós todos os dias o grande edifício social ameaçado aqui e ali de desabar sobre os seus mais bem fundados alicerces? Se assim fosse, qual teria sido o fim de Aristóteles, dando-se ao trabalho de compor sua lógica, tão preciosa e tão útil ao esclarecimento das ideias e à perfectibilidade da razão? E para que ainda precisariam os homens do estudo da filosofia, que infelizmente tão poucos aprofundam e praticam?

Não compartindo a doutrina de Helvécio sobre a igualdade da inteligência em todos os homens, sabemos que todas as mulheres não podem ser igualmente instruídas, ainda mesmo quando a todas se proporcionasse os meios de cultivar o seu espírito. O que pretendemos é possível, justo e de rigorosa necessidade, isto é, que todas sejam bem-educadas em suas respectivas situações.

A nossa digressão parecerá talvez longa, mas não estranha ao objeto que nos ocupa. Tomemos, pois, o fio de nossa análise sobre a educação de nossas mulheres, e, transpondo os tempos coloniais, falemos primeiramente de um grande extraordinário acontecimento que veio mudar a categoria do Brasil, mas não a sorte de suas mulheres.

XXIX

A nação da Europa que se tem como que constituído o termômetro das ideias políticas de quase todos os povos modernos levantava-se, ainda gotejante de sangue, do tenebroso pélago em que a haviam engolfado os prejuízos e as tiranias passadas, para elevar-se, sob o braço déspota do maior guerreiro dos tempos modernos,[184] ao ponto mais culminante do poder e da glória que jamais têm dado as armas em nossos dias.

Estava marcado pela Providência que o longínquo Brasil, sofrendo tão cristãmente as dores da pesada cadeia que lhe arrochava os fortes pulsos, participaria da influência daquele acontecimento por um modo indireto e benéfico.

Uma lava do vulcão da Córsega, cuja erupção ameaçava derribar todos os tronos da Europa, descendo a Portugal, estendeu essa influência até as hospitaleiras praias do Brasil, o qual abriu generosamente seus braços e seus tesouros à Família Real, que vinha procurar um asilo em seu seio.

Uma coroa europeia brilhou sob o fulgurante sol americano, o aparatoso fasto de uma corte desdobrou-se na capital do Brasil, seus portos, fechados até então ao estrangeiro, lhe foram para logo franqueados, e o nome de reino substituiu depois o de colônia, tão indevidamente conservado à vasta terra de Santa Cruz. Alguns melhoramentos se operaram em diversos pontos, criaram-se tribunais, escolas, academias etc., etc., sob a digna administração do ilustrado D. Rodrigo de Sousa Coutinho.[185] Mas a educação da mulher permaneceu como nos férreos tempos coloniais: isto é, entregue aos cuidados de ineptos pedagogos femininos ou à direção das mães no seio da família, onde a menina aprendia tudo, menos o que pudesse torná-la digna, mais tarde, de ser colocada na ordem de mulher civilizada.

O Brasil tinha já fornecido grande cópia de homens ilustrados pelos conhecimentos adquiridos em diferentes universidades da Europa, e a mor parte das brasileiras (mesmo as das primeiras cidades) não logravam a vantagem de *aprender a ler*.

Dizia-se geralmente que ensinar-lhes a ler e escrever era proporcionar-lhes os meios de entreterem correspondências amorosas, e repetia-se, sempre, que a costura e os trabalhos domésticos eram as únicas ocupações próprias da mulher. Este prejuízo estava de tal sorte arraigado no espírito de nossos antepassados, que qualquer pai que ousava vencê-lo e proporcionar às suas

---

184 Napoleão Bonaparte.

185 Dom Rodrigo de Sousa Coutinho, conde de Linhares (1745-1812), conselheiro de Dom João VI, seu ministro dos negócios estrangeiros e guerra no primeiro ministério organizado por esse rei no Brasil.

filhas lições que não as daqueles misteres era para logo censurado de querer arrancar o sexo ao estado de ignorância que lhe convinha.

É esta uma das censuras que fazemos aos homens do passado sem receio de desagradar aos do presente, porque, salvas honrosas exceções, todos assim pensam ainda, não obstante muitos terem trocado o papel de completa ignorância, que representavam suas filhas, pelo de uma instrução superficial e mal dirigida, que tende a viciar o espírito sem nada deixar-lhe de sua simplicidade primitiva, como demonstraremos quando chegarmos ao ponto de nossa educação atual.

XXX

Era quase geral a opinião, como dissemos, que a instrução intelectual era inútil, quando não prejudicial, às meninas. Mas é porque aqueles que propalavam tão absurdo princípio não faziam esta simples observação posta ao alcance da inteligência ainda a mais míope, e para a qual não lhes era preciso revolverem a história dos outros povos: as mulheres brasileiras, baldas de toda a sorte de instrução, eram elas citadas como as mais virtuosas e severas nos princípios morais? Subtraíam-se assim melhor à cilada das seduções armadas à inexperiência ou à credulidade do sexo?

Se assim tivera sido, se a estatística das faltas cometidas pelas mulheres devidamente instruídas fosse mais numerosa que a das outras, certo que não hesitaríamos em ser do número dos apologistas da ignorância da mulher, porque, sendo a beleza da virtude a que mais atrai e extasia a nossa alma, nós preferiríamos adorá-la, envolvida mesmo no grosseiro manto da ignorância, a gozarmos de todas as vantagens que a civilização oferece do alto de seu rico e deslumbrante pedestal.

Mas todos sabem, a não ser os povos selvagens, que é um paradoxo e paradoxo ridículo avançar-se que a ignorância é o melhor estado para o desenvolvimento das virtudes morais.

Ouvimos sempre bradar contra o progresso dos vícios que a civilização traz, mas é porque não se quer atentar para os que praticaram e praticam todos os povos, não diremos selvagens, que vivem no pleno estado da natureza, mas os que, ligados por vínculos sociais, viviam e ainda vivem sem o influxo benéfico dessa poderosa regeneradora do espírito humano.

Data de tempos imemoriais o costume dos velhos, esquecidos das faltas de sua mocidade, censurarem acrimoniosamente as da mocidade atual, preconizando aquela entre a qual outrora viveram. Assim também acontece aos povos que se vão libertando do império da ignorância: hoje olham alguns como erro o que faziam por dever os seus antepassados. Os homens foram sempre os mesmos, a diferença está nas circunstâncias e no modo como eles praticam as ações, moldando-as à época em que vivem, à educação que recebem, ao grau de civilização mais ou menos considerável que os vai polindo.

Ninguém mais do que nós ama a antiguidade e se entusiasma pelos grandes feitos que nela se praticaram, pelos insignes gênios que a enobreceram. Mas, quando vemos entre nós o vício premiado e a virtude oprimida ou desprezada, não somos daqueles que lançam o anátema da maldição sobre as gerações presentes, crendo-as inficionadas de vícios por elas inventadas, quando são eles somente a reprodução dos que em maior escala cometeram as gerações extintas.

Uma só coisa censuramos às atuais gerações, e muito particularmente à nossa: é o não tirarem da experiência que nos fornecem os erros de nossos antepassados o antídoto precioso para minorar os nossos. Do número desses erros é o que nos inspirou este escrito.

XXXI

Já vimos a dissolução ou inércia em que caíram os povos que mais têm desprezado ou mal dirigido a educação da mulher. E continua-se, entretanto, a olhar essa artéria vital da morigeração dos povos, senão com a mesma incúria revoltante de outrora, sem o firme propósito de incluir a reforma de sua educação nos importantes melhoramentos que ocupam atualmente os brasileiros.

Aqueles que se contentam de caminhar vagarosamente quando as locomotivas transpõem o espaço com incrível velocidade poderão dizer-nos que, há muitos anos, possui o Brasil estabelecimentos pagos pelo governo para instrução primária das meninas. Sabe-se a época em que esses informes estabelecimentos começaram de aparecer entre nós sob o nome de *escolas régias.*[186] Eram, porém, sumariamente raros, e, quanto às habilitações intelectuais das professoras que os dirigiam, podem ser aquilatadas pelas que apresentam as de hoje no simples interrogatório, a que se chama entre nós exame público, pelo qual passam as pretendentes às cadeiras de ensino primário em nossa terra.

Se ainda vemos a mor parte desses lugares preenchidos por mulheres cuja principal habilitação consiste no patronato dos que as admitem nele, hoje que se vai crendo finalmente que as meninas devem aprender alguma coisa mais além dos trabalhos materiais, qual não seria a ignorância das *mestras* primitivas, a quem se confiava a tarefa de instruir o sexo?

Daí o descrédito em que caíram as escolas públicas de instrução elementar, frequentadas somente, ainda hoje, por meninas a cujos pais falecem os meios de as mandar às escolas particulares, posto que, em geral, as diretoras destas não sejam mais capazes de corresponder à sua expectativa.

Mas, ao menos, estas se esforçam por adquirir uma reputação de que depende o progresso de seus estabelecimentos, enquanto que as outras, certas do ordenado que percebem, sem embargo do número de alunas, não curam de aumentar essa reputação, que julgam, além disso, ter bem firmado perante o ilustrado auditório que assistiu a seus exames.

Falai a algumas dessas professoras sobre o exame que as fez julgar

---

186 As *escolas régias* resultaram da reforma de ensino imposta pelo marquês de Pombal, após a expulsão dos jesuítas do reino português (1759). As consequências práticas desse ato foram um dos maiores golpes contra a educação brasileira. A administração jesuítica foi substituída por uma diretora-geral de estudos, exercida pelo vice-rei. As aulas nas novas escolas régias passaram a ser ministradas por capelães nomeados pelos bispos. E o imposto aplicado ao ensino, dito *subsídio literário,* era de todo insuficiente para as despesas do novo sistema.

superiores às candidatas em concorrência, e vereis com que fatuidade atribuem o seu triunfo ao grande estudo a que se deram das matérias exigidas pelos *austeros* examinadores. Esquecidas das proteções a que recorreram, as Bachellery, Ste. Claire, Lahaye[187] etc. de nossa terra ostentam tudo quanto podem ostentar as examinandas do Hotel de Ville e da Sorbonne, menos a sua instrução.

Com efeito, não podemos deixar de corar pela nossa instrução pública, quando quisemos estabelecer um ponto de comparação entre os exames de nossas professoras e os a que assistimos naqueles lugares, das mulheres que se propõem a exercer o magistério na França.

E, pois, como esperar que aquelas a quem faltava sólida instrução das disciplinas que tinham de ensinar pudessem preencher o fim para o qual o governo as nomeara e apresentar, como deviam, do ensino primário, um resultado capaz de servir de base a estudos mais elevados? Mas devemos admirar-nos disso, quando grande parte dos professores do mesmo ensino se achava em idênticas circunstâncias? Não vemos nós ainda alunos que passam para estudos superiores escrevendo com péssima ortografia, estropiando as regras da gramática e cometendo erros de dicção que fariam rir os alunos das escolas primárias dos países onde o estudo da língua materna é considerado como primeiro na escala dos conhecimentos humanos?

O desleixo, em que continuava assim o ensino público, estava, porém, de acordo com os princípios da metrópole que regia então o Brasil. Era natural que as suas mulheres participassem de sua sorte e com ele aguardassem um melhor futuro, confiados umas e outro nos inexauríveis recursos que lhes prodigalizara a natureza e no amor de seus filhos, desenvolvido sob a influência da brilhante aurora de progresso que se levantou para o presente século.

Passemos a considerar se a sua expectativa tem sido ou não iludida.

187 As referências a educadoras francesas servem não apenas para evidenciar a procedência intelectual da formação autodidata de Nísia Floresta, mas também, e sobretudo, dão uma clara ideia de como era marcantemente francesa a educação brasileira, aquela, bem entendido, a que tinham acesso os privilegiados filhos da burguesia nacional. Joséphine Bachellery havia escrito, em 1840, umas *Lettres sur l'Éducation des Femmes*.

XXXII

Uma grandiosa época preparava-se de há muito ao Brasil, época de regeneração e de glória para os povos que longo tempo gemeram sob a brônzea mão do despotismo estrangeiro, sem que este conseguisse nunca lhes extinguir no coração uma centelha só do sagrado fogo da liberdade.

O brado elétrico de independência, havia tanto contido nos peitos brasileiros, saiu enfim do nobre peito daquele que compreendeu e sustentou então os direitos de um povo sofredor, pleiteados, entre outros, pelo ilustre Andrada,[188] o escolhido da Providência para representar nas gerações futuras do Brasil o patriarca de sua Independência.

O nome de um príncipe herói estampou-se no alto desta página dourada de nossa história, e os venturosos campos do Ipiranga repetirão sempre ufanos o eco desse brado enérgico, que nos trouxe uma nova existência e que tão arrefecido se solta hoje entre nós.

Muito teria podido fazer em prol da educação da mulher D. Pedro I, em cujo coração suberabundavam amor e entusiasmo pelas grandes e difíceis empresas. Mas uma triste fatalidade pesava sobre a sorte das nossas mulheres, e outras ocupações, outros fins, outro destino estavam reservados ao célebre fundador do Império brasileiro…

Homens, chamados então os homens do progresso, prometiam ao Brasil os mais vantajosos resultados na mudança política que premeditavam, sem refletirem que os progressos e a felicidade de um povo não podem ser baseados em um grande ato de ingratidão.

Após esse ato, deu-se outro que melhor caracterizava em sua organização política o povo descendente do que mandara ao desterro Pombal, o maior de seus estadistas, a mais profunda de suas inteligências.[189] Ingratidão semelhante à que oprimiu o grande ministro que deu nome a um rei e glória a uma nação[190] veio lançar negra tarja nas primeiras brilhantes páginas da história de nossa Independência e suspender os voos do gênio brasileiro, que, entre as suas concepções pela felicidade de nossa terra, não teria deixado de incluir o plano de uma reforma na educação da mulher.

---

188 José Bonifácio de Andrada e Silva (1763-1838).

189 Em 1779, já no governo de D. Maria I (1734-1816), tendo aparecido em Londres um folheto intitulado *Letters from Portugal on the Late and Present State of that Kingdom,* atribuíram-lhe a autoria a Sebastião José de Carvalho e Mello, o marquês de Pombal, que, processado judicialmente, foi condenado ao desterro em 1781.

190 Embora não seja fácil um juízo imparcial sobre o marquês de Pombal como reformador e modernizador da nação portuguesa, uma leitura atenta de sua biografia não parece confirmar o entusiasmo que por ele manifesta a autora nas linhas acima.

Mas o brilhante planeta paulistano que havia indicado ao príncipe o caminho da glória e guiado o Brasil à sua emancipação descrevia a sua órbita entre opacos planetas, os quais interceptaram a sua luz quando dela mais precisão tinha o nosso corpo político. E o sábio, a quem D. Pedro, confiando a guarda de seu imperial filho nos dolorosos momentos de sua separação, havia feito esquecer o desterro a que o mandara, foi pelos seus próprios conterrâneos arrancado de seu digno posto e exilado para aquela ilha[191] que gozará de justa celebridade quando os brasileiros souberem celebrar tudo o que diz respeito a seus grandes homens.

Por agora nos consolamos do revoltante esquecimento em que parece entre nós submergido o grande nome de José Bonifácio de Andrada, lembrando-nos dos elogios que tivemos o prazer de ouvir tecerem-lhe alguns sábios da Europa. O grande estadista, o profundo filósofo, o suave poeta setuagenário tem o seu nome escrito pela severa mão da história nas páginas imortais da posteridade: os homens do porvir o vingarão do indiferentismo antinacional dos homens do presente.

191 José Bonifácio, junto com os Andradas seus irmãos, foi preso e expulso do Brasil por ordem imperial de 20 de novembro de 1823. Exilado durante quase seis anos, deteve-se em Talence, perto de Bordéus, na França. Reconciliando-se depois com o imperador, retornou ao país (1829) e fixou residência na ilha de Paquetá. A partir de 8 de abril de 1831, foi feito tutor dos filhos de Dom Pedro I. Mas um decreto da Regência, de 14 de dezembro de 1833, suspendeu-o desse ofício. José Bonifácio foi preso e depois confinado em sua casa de Paquetá, enquanto contra ele prosseguia um processo-crime, que o acusava de conspirador e perturbador da ordem pública.

XXXIII

Desde 1831 goza o Brasil de um governo inteiramente nacional,[192] o que parecia ser o alvo para onde convergiam os seus mais ardentes anelos. É, pois, sob este governo que devemos criticar os progressos de nossa educação física e moral – quer doméstica, quer pública –, incluindo nesta a que se ministra nos intitulados, entre nós, colégios particulares.

Todos os homens conscienciosos de nossa terra conhecem há muito a necessidade urgente de uma completa reforma no sistema de educação da nossa mocidade. Muitos lamentam os erros e os prejuízos das antigas doutrinas, que, menos ostensiva, porém quase geralmente, continuam ainda em nossos dias a dominar nas escolas do Brasil.

Entretanto, reconhecemos que o espírito de nossa sociedade de hoje não é o mesmo da de outrora. A mor parte dos pais (digamo-lo em abono do progresso de nossa civilização) já não vê, como então, nos bárbaros castigos escolares, um meio necessário para os bons resultados da educação de seus filhos. A mor parte, dizemos, porque alguns não somente toleram ainda que homens sem princípios e de medíocre saber, arvorados entre nós em diretores de casas de educação, imprimam a mão na face de seus filhos, mas até exigem que os tratem com todo o rigor para puni-los de suas desobediências domésticas, não sentindo a humilhação que há em constituir um estranho castigador de erros que somente eles deveriam ter sabido corrigir.

Temos ouvido mais de uma vez pais de família, mesmo nas classes elevadas da sociedade, em que muitos sabem fazer-se obedecer por subalternos seus, confessarem às pessoas a quem confiam a educação de seus filhos que, não podendo contê-los no cumprimento de seus deveres, esperam obter por meio delas este resultado. A fraqueza, que os faz assim perder a força moral junto a essas tenras criaturas confiadas por Deus a seus cuidados, é tão repreensível e desairosa, que não precisa de comentário.

Pais como esses precisam ser comparados ao sadio e vigoroso dono de um terreno fértil, mas inculto pela preguiça de seus braços, que vai pedir ao seu vizinho, a quem falecem iguais vantagens, o alimento necessário para a vida.

E quais são em geral essas pessoas encarregadas da difícil missão de corrigirem erros inteiramente negligenciados pelos pais e ampliados pelo contato de uma sociedade onde o respeito pela inocência é ainda tão pouco compreendido? Quais as casas de educação cujo regime e instituições, baseados na previdência esclarecida do governo e no bom senso dos pais,

192 Desde 7 de abril de 1831, data da abdicação de D. Pedro I à coroa imperial brasileira.

possam garantir a educação radical da juventude? Não se tem visto, mesmo nesta corte,[193] diretores dessas casas, transpondo todas as metas de seus deveres, profanarem o mais sagrado princípio do magistério, sem que de tão criminosa conduta lhes provenha nenhum prejuízo mais que o de verem eliminado o nome de um ou outro aluno do livro de sua receita?

E é tal a hospitalidade dos brasileiros para com os estrangeiros que, até no ponto de mais transcendente interesse da educação, as faltas destes são mais toleradas que as dos próprios nacionais.

193 Rio de Janeiro, capital do Império do Brasil.

XXXIV

Nenhuma lei geral tendente à investigação dos colégios particulares foi ainda promulgada pelo governo; nenhuma medida tomada para que o ensino da nossa mocidade seja convenientemente dirigido.

Uma casa de educação entre nós é, em geral, uma especulação como qualquer outra. Calcula-se de antemão o número dos alunos prometidos ou em perspectiva, as vantagens que podem resultar de uma rigorosa economia, em que por vezes a manutenção daqueles é comprometida. Fazem-se ostensivos prospectos e conta-se com a credulidade do público, sempre solícito em acolher sem exame tudo o que tem a aparência de novidade e de ostentação.

À parte as devidas exceções, as nossas casas de educação são dirigidas por pessoas sem a atitude necessária ao desempenho do mais melindroso emprego entre os povos civilizados. Muitas dessas pessoas aportam às nossas praias com o fim de especularem no comércio. Vendo depois frustrados os seus planos de interesse nessa carreira, lançam mão do ensino, e ei-los metamorfoseados, de negociantes e até mesmo de artesãos, em preceptores da mocidade brasileira, afetando para com os pais de família uma distinção e sabedoria que nem a natureza nem a educação lhes dera, mas cuja reputação aparatosas casas, enfáticos anúncios e pretensiosas promessas sustentam e propagam.

Apreciamos em subido grau os talentos dos estrangeiros. Quiséramos mesmo poder reunir em nossa terra todos os que estivessem no caso de instruir-nos e utilizar-nos com os seus conhecimentos, de que tanta precisão tem o nosso povo. Mas quais são aqueles que justamente merecem por esse lado a nossa consideração? Poucos, muito poucos, e estes são os primeiros a concordarem conosco nesta verdade.

Vivemos algum tempo na Europa[194] e sabemos que as pessoas ali reputadas de letras e habilitadas para o magistério têm sempre em que se empreguem com mais ou menos vantagem. A ideia de deixarem o seu país para virem instruir a nossa mocidade jamais lhes ocorreu. E, se por imperiosas circunstâncias alguma a concebe, para logo a abandona, como aconteceu ao distinto poeta e literato A. F. de Castilho,[195] porquanto o mesmo Portugal, em sua decadência, compreende hoje quanto é desairoso a uma nação deixar

194 De 1849 a 1852.

195 Antônio Feliciano de Castilho (1800-1875) foi, em 1846, autor de um método de leitura que lhe valeu muitas polêmicas, além de um posto no Conselho Superior de Instrução Pública portuguesa. *O Método Português Castilho* já alcançava a quarta edição em 1854. No ano seguinte, o autor veio divulgá-lo no Brasil, tendo recebido calorosa acolhida por parte de D. Pedro II.

emigrar por escassez de recursos os gênios que a ilustram.

Se algum motivo político os expatria, passam de uns a outros países da Europa, e, quando demandam a América, preferem quase sempre os Estados Unidos, porque lá encontram, a par de espíritos que melhor os sabem apreciar, uma sociedade que lhes fala dos bens que na sua perderam. Para o Brasil, o interesse material, e somente ele, conduz em geral o estrangeiro, a não ser os curiosos viajantes e naturalistas, cujo amor da ciência os indeniza, no meio de nossa pomposa natureza, da falta da civilização europeia.

XXXV

Em todos os pontos do Brasil, qualquer homem ou mulher que saiba ler, embora não seja no português classicamente belo de A. Herculano, e tem meios de montar uma casa de educação, julga-se para logo habilitado a arrogar o título de diretor de colégio, caricaturando o que na Europa ilustrada assim se denomina. Nenhum exame em regra se exige desses educadores da juventude que terá de fazer um dia a glória do nosso país: eles ensinam pelos compêndios que querem, instituem doutrinas à sua guisa. O pedante goza das mesmas garantias, e quase sempre de maiores vantagens, que as inteligências superiores.

Seria difícil explicar vantajosamente a negligência com que um governo ilustrado deixa praticar assim abusos que tanto se opõem à nossa futura prosperidade. E, enquanto vemos os nossos legisladores debaterem meses e anos sobre diversos melhoramentos do país, uma só voz não se levanta enérgica do meio dessa ilustrada corporação para reclamar sérias medidas tendentes à reforma da educação da nossa mocidade.

Sempre que brilha um novo dia e que nos bate à porta o jornal, apoderamo-nos com solicitude dessa folha, e avidamente percorremos a sessão das câmaras do dia antecedente, em procura do assunto que temos escrito no coração e no espírito – a educação da mulher brasileira –, e dobramos a folha, desconsolados, e aguardamos o dia seguinte, que se escoa na mesma expectativa, no mesmo desengano.

Tem-se tratado de muitas coisas, menos disso, disso que merece incontestavelmente a mais circunspecta atenção dos homens pensadores.

Um dia raiará mais propício para nós, em que os escolhidos da nação brasileira se dignem de achar a educação da mulher um objeto importante para deles ocuparem-se com a circunspecção que merece.

Entretanto, lancemos os olhos para o que se acha atualmente feito pelo governo em favor do ensino primário das nossas meninas.

XXXVI

Pelo *Quadro Demonstrativo do Estado da Instrução Primária e Secundária das Províncias do Império e do Município da Corte,* no ano de 1852, vê-se que a estatística dos alunos que frequentaram todas as aulas públicas monta a 55.500, número tão limitado para a nossa população, e que neste número apenas 8.443 alunas se compreendem.

Basta refletir nesta desproporção, para julgar-se do atraso em que se acha a instrução do sexo, tão mal aquinhoado na partilha do ensino pago pelo governo. Nenhuma proporção há, como vamos ver, entre as escolas primárias de um e de outro sexo.

Na província de Minas, onde a instrução se acha mais geralmente difundida, entre 209 escolas de primeiras letras, só 24 pertencem ao sexo feminino! Considerando-se esta tão desproporcional diferença, o sexo parece permanecer ali debaixo da influência do anátema que fulminara sobre ele um dos mais notáveis presidentes daquela província. Tratando das cadeiras públicas de ensino primário, dizia ele: "Deve-se ensinar às meninas tudo quanto convém que saiba uma mulher, que tem de ser criada de si e de seu marido". Este severo administrador abstraiu, por sem dúvida, do século em que falava ou confundiu um povo livre, o digno povo mineiro, com a malfadada população de escravos que infelizmente o Brasil contém em seu seio!

Na ilustrada Bahia, de 184 escolas primárias, 26 somente são de meninas. Menos egoísta para com o sexo a sua rival na glória, o heroico Pernambuco, fiel a suas tradições, lhe sobressai em equidade, pois que, de 82 escolas, 16 pertencem ao sexo feminino.

A província do Rio de Janeiro, com 116 escolas, dá ao sexo 36. No município da Corte, a sede do governo imperial, onde se devia mais facilitar a instrução do povo, acham-se apenas criadas 9 aulas de meninas.

As demais províncias apresentam proporcionalmente a mesma escassez de recursos para o cultivo da inteligência da mulher, e algumas há cujo estado de instrução pública não chegou ainda ao conhecimento do governo geral.

Acrescentemos agora ao medíocre número dessas escolas a confusão dos métodos, das doutrinas seguidas pelas professoras, quase sempre discordes em seus sistemas e, como já observamos, em grande parte sem as necessárias habilitações, e teremos, reduzido à expressão mais simples, o número da nossa população feminina que participa do ensino público e o grau de instrução que recebe.

XXXVII

No último relatório do ministro do Império, dando conta à Assembleia Geral da comissão de que fora encarregado às províncias do Norte o nosso distinto poeta Gonçalves Dias, * achamos uma prova do que acabamos de expender:

> A desarmonia em que se acham as disposições legislativas de cada província, relativas a tão importantíssimo objeto; a deficiência do método de ensino das matérias; a multiplicidade e má escolha de livros para uso das escolas; o programa de estudos nos estabelecimentos literários; a insuficiente inspeção em alguns lugares e a quase nenhuma em outros; e, finalmente, a pouca frequência e assiduidade dos alunos, são outras tantas causas desse estado tão pouco próspero. [...].
>
> De tudo isso resulta a necessidade de uma reforma radical na instrução pública, dando-lhe um centro de unidade e de ação que a torne uniforme por toda a parte, e vá gradualmente extirpando os vícios e defeitos que têm até aqui obstado ao seu progresso e desenvolvimento.

Todavia, apesar deste e outros documentos oficiais, apesar do quanto se tem dito a respeito dos obstáculos que retardam os progressos do nosso ensino público, muitas pessoas recreiam-se aplaudindo a admirável rapidez com que marcha a civilização entre nós.

– Grande progresso tem feito a educação em nossa terra – dizem os que confundem de ordinário a instrução com a educação, a licença com a civilização! Possuímos na Corte grande número de colégios, donde saem cada ano jovens suficientemente instruídas e falando diversas línguas. Vê-se multiplicarem-se os bailes e uma infinidade de pais conduzirem, sem reserva, a eles suas famílias, já sem o ridículo escrúpulo de outrora, que os fazia olhar essas *brilhantes* reuniões como um escolho onde naufragava a virtude. Não há representações de teatro e dança, por mais livres que sejam, onde se não tenha o prazer de contemplar hoje o *belo* sexo tomando parte no interesse dos espetáculos, sempre aplaudidos pelo nosso *ilustrado* público. A nossa mocidade já não precisa, para distinguir-se no *mundo,* de moldar suas ações

---

* Antônio Gonçalves Dias (1823-1864) havia voltado ao Brasil em 1845, formado pela Universidade de Coimbra. Aqui, além de distinguido como poeta nacional, recebeu diversas incumbências oficiais, entre elas a de levantar a documentação histórica e a situação educacional do norte do Brasil.

pelas de nossos antepassados que mais merecerem os respeitos e os encômios de seus contemporâneos.

Nós, porém, que não costumamos julgar da educação e dos progressos de qualquer povo pelas numerosas instituições de bailes, nem pelo desprezo da mocidade pelas coisas mais respeitáveis, iremos por diante em nossa ligeira análise, estendendo-a a todo o Brasil, em muitos lugares do qual as gerações se vão ainda sucedendo sem alteração sensível de progresso.

XXXVIII

Quando o mesmo governo confessa, à vista de provas autênticas, *ser por toda parte* do Brasil *pouco lisonjeiro o quadro que apresenta o estado da instrução pública,* devemos nós regozijar-nos da marcha progressiva de nossa civilização? Cometeríamos um grande ato de injustiça se, como aqueles seus apologistas, deslumbrados da perspectiva fosforicamente brilhante das reuniões de nossas capitais – entre as quais tanto sobressaem as desta Corte, foco da civilização brasileira –, esquecêssemos as nossas meninas do interior das províncias, condenadas ainda à sorte de suas mães sob o regime colonial.

Demais, sem precisar ir longe da capital do Império, não se vê ainda em algumas casas a mulher tal qual a descreveu Ferdinand Denis,[196] quando viajou entre nós? Depois de falar dos melhoramentos da sociedade do Rio Janeiro, diz ele:

> *Si nous descendions de nouveau a l'intérieur des maisons brésiliennes, nous verrions qu'au fond du sanctuaire de famille, à l'ombre des anciens pénates, se conservent encore la plupart des vieilles coutumes. Là, on voit faire encore la sieste, pendant des heures, sans que l'activité toujours croissante des européens change rien à cette coutume; là, les dames brésiliennes qui ont paru à l'église vêtues de nos modes françaises retrouvent le costume brésilien. [...] Rarement assise, presque toujours accroupie sur les talons, la dame brésilienne fait de la dentelle, comme on en fabriquait au seizième siècle. Elle donne des férules à ses négresses etc. etc.*[197]

Insistamos, portanto, em clamar energicamente contra a escassez de meios de educação, que assim expõe grande parte de nossas mulheres a merecer tão acre censura.

---

196 João Ferdinand Denis (1798-1890): autor de numerosas memórias históricas e descritivas sobre o Brasil e a América do Sul em geral, onde esteve de 1816 a 1821, entre as quais *O Brasil* (1821) e *O Brasil ou Modos e Costumes dos Habitantes deste Reino* (1822).

197 "Se descermos de novo ao interior das casas brasileiras, veremos que, no fundo do santuário familiar, à sombra dos antigos altares e imagens, ainda se conservam, em sua maior parte, os velhos costumes. Lá, ainda se vê fazer a sesta, durante horas, sem que a atividade sempre crescente dos europeus mude nada desse costume; lá, as mulheres brasileiras que apareceram na igreja vestidas à moda francesa retomam o vestuário brasileiro. [...] Raramente sentada, quase sempre acocorada, a mulher brasileira faz renda como se fazia no século XVI. Ela bate com palmatória nas suas negras."

A desproporção que demonstramos haver entre as escolas públicas de ensino primário apresenta-se mais considerável ainda nos estabelecimentos particulares de merecido renome, quer na Corte, quer fora dela.

Não somente os que pertencem ao sexo são em muito menor número, mas também não oferecem geralmente um estudo regular do ensino secundário, ensino vedado ainda hoje às nossas meninas em estabelecimento público. E, nos particulares, nenhuma aula existe de alguns dos ramos das ciências naturais, cujo estudo tão agradável e útil seria às mulheres que nascem, vivem e sentem no meio da nossa rica natureza tropical.

Com grande prazer vamos vendo muitos dignos brasileiros, animados hoje do verdadeiro espírito de progresso, irem triunfando do indiferentismo e apatia de seus antepassados para se porem à frente do ensino da mocidade, em diversos pontos, principalmente desta província e da de Minas. Congratulamo-nos por tão nobre empresa e fazemos sinceros votos pelos prósperos resultados de sua louvável dedicação. Mas não podemos deixar de sofrer quando, enumerando esses novos estabelecimentos, nenhum encontramos pertencente ao sexo feminino. Nestas províncias encontram já meios de instruir-se em diversos ramos do ensino os rapazes, que outrora iam com mais ou menos dificuldades procurá-lo longe de suas famílias, entretanto que as meninas, cujos pais por justas considerações não ousam aventurá-las em uma longa ausência de suas vistas, acham-se ainda privadas dessa vantagem.

Os provincianos, mormente os que viveram algum tempo na parte mais ilustrada da Europa, deviam desprezar destarte a educação da mulher? Alguns, possuindo grande fortuna, não poderiam em suas respectivas províncias obviar-lhes os males provenientes da falta de educação, atenuando, senão preenchendo em geral, a lacuna deixada pelo governo?

Entregamos à consideração dos mais cordatos e amigos do progresso este expediente, aliás de tanto momento para as províncias a que se prezam de pertencer.

XXXIX

Falamos essencialmente das causas que estorvam os progressos de nossa educação, concernentes à negligência dos governantes e à inaptidão da maior parte dos encarregados do ensino de nossa mocidade. Da mesma sorte o faremos agora a respeito dos pais de família, a cujo bom senso recorremos como a uma âncora de salvação, para subtrair as gerações nascentes ao naufrágio de que as ameaçam, apenas saídas do porto, os princípios subversivos e funestos inculcados à infância.

Enquanto os homens do poder se ocupam dos melhoramentos materiais, esperamos confiantes daqueles um remédio mais pronto e porventura mais profícuo ao nosso melhoramento moral.

A leviandade comum a quase todos os povos, de julgarem as coisas pela aparência, tem grande elastério entre nós. Apesar de nos ter a experiência inúmeras vezes mostrado quanto há de perigoso nesta leviandade, nenhuma precaução tomamos para triunfar dela, ao menos naquilo que tanta influência pode ter no porvir de nossos filhos.

O geral dos pais avalia quase sempre da excelência do estabelecimento onde manda educar suas filhas, pelo grande número de alunas que contém. Ouvimos por vezes dizer-se: "O colégio em que está minha filha é excelente, tem muitas meninas", sem importar saber se essa afluência é devida às condições materiais do estabelecimento e ao atrativo sempre poderoso de ostensivas promessas, ou ao mérito real da pessoa que o dirige.

Conhecemos outrora uma diretora[198] que, não querendo fazer conhecido por fúteis exteriores o seu gosto pelo magistério, grandes dificuldades teve a superar para colocar-se, como depois se achou, à frente de um dos mais frequentados estabelecimentos desta Corte. Impelida então pelo desejo de acelerar os progressos de suas alunas, ela fixou um certo número, não admitindo outras sem vagar algum dos lugares preenchidos. Este procedimento admirava em extremo a todos de quem era conhecido, pois não se compreende que no magistério deve haver um interesse mais nobre que o do miserável ganho pecuniário, interesse colocado pelos verdadeiros amigos da educação da mocidade à frente de todas e quaisquer outras considerações.

---

198 Esta diretora não foi outra senão a própria Nísia Floresta.

Para que uma diretora hábil e solícita possa obter grandes resultados da educação física e moral de suas alunas, será preciso que o número destas se conforme com o tempo que ela pode dar-lhes, velando por si mesma todo o ensino, o que uma substituta não poderá fazer tão completamente como ela.

Daí a vantagem que achamos na educação dirigida pelas próprias mães, quando estas possuem os predicados para bem desempenharem tão difícil tarefa.

XL

Sempre divergimos dos que preferem a educação pública à particular,[199] para as meninas principalmente. Não desconhecemos a vantagem da tão preconizada emulação das classes como incentivo necessário aos progressos dos estudos. Mas, como pouca diferença haja aparentemente da emulação à inveja e mais pouca atenção ainda se tenha em fazer os discípulos discriminarem aquela virtude deste vício, muitas vezes confundidos em certos espíritos, não quiséramos expor as nossas meninas às fatais consequências de uma paixão que tem por mais de uma vez funestado a existência da mulher.

Poucas diretoras sabem inspirar a emulação a suas alunas, conduzindo-as com esclarecida prudência pelo declive perigoso das raias da inveja, de sorte a garanti-las de resvalarem em seus funestos domínios. Porém, mais poucas são ainda as discípulas capazes de compenetrar-se da utilidade de uma e das tristes consequências da outra, sujeitas como elas se acham as duas tão opostas atmosferas em que respiram – a família e o colégio.

"A emulação", diz um escritor moralista, "é uma paixão nobre e generosa, que só tem por objeto a virtude. Assim, não tende ela a rebaixar os outros, nem a desmerecê-los. Sem querer que sejam menos estimáveis, exproba-nos o intervalo que medeia entre eles e nós. Se é suscetível de mau humor, fá-lo nos sentir somente, sem rancor aos que nos excedem. A inveja, pelo contrário, é uma paixão baixa e ignóbil que, por seu amargor, corrompe a virtude, desejando manchar o lustre das boas ações com um sopro peçonhento. A inveja aspira subir para ver os outros inferiores. A primeira é uma filha do céu e um resto da grandeza para que nascera o homem. A outra, um fruto do inferno e do demônio que se perdeu a si por ela, servindo-se desse veneno contagioso para perder o primeiro homem."

E, pois, como além de temermos esta arriscada alternativa, estamos intimamente convencidos de que nenhuma diretora poderá fazer de nossa filha aquilo que nós poderíamos conseguir fazer, decidimo-nos pela educação feita sob o teto paternal, pelas mães, em condições apropriadas: para o que desejaríamos proporcionar a todas conhecimentos, aptidão e gosto a fim de preencherem elas mesmas, como deviam, a honrosa e sublime missão de preceptoras de suas filhas.

---

199 Louvável como seja a posição de Nísia Floresta, clamando pela necessidade de educação da mulher, é lamentável que não tenha ela também emprestado a sua visão inovadora e sua longa experiência pedagógica à causa da instrução pública, de que tanto carecia o Brasil, de modo especial durante o Império.

Uma mãe bem-educada e suficientemente instruída para dirigir a educação de sua filha obterá sempre maiores vantagens, aplicando-se com terna solicitude a inspirar-lhe como emulação o sentimento da própria dignidade, que qualquer diretora não conseguiria obter de suas educandas.

Para provar esta asserção, bastaria a experiência de duas meninas, de idênticos recursos intelectuais, submetidas uma aos cuidados de sua mãe, mulher de bons costumes e nas condições que acima apontamos, dando-se a possibilidade de conservá-la sempre sob suas vistas; outra sob a direção de uma preceptora (supomos também com iguais habilitações), de comum com grande número de companheiras, imitando ou sobressaindo a todas na aplicação aos estudos. Aos 18 anos estas duas jovens poderão ser perfeitamente instruídas, mas não igualmente educadas e possuindo o mesmo grau de simpleza. A primeira será a esquisita delicada flor da estufa, desabrochando as lindas pétalas de uma corola não tocada por impuros insetos, esparzindo o precioso aroma da inocência e da candura; a segunda, a flor dos jardins, exposta aos contatos de malignos insetos e às variações súbitas da atmosfera, que lhe tiram por vezes o aroma, quando ela conserva ainda o brilhantismo de suas cores.

Uma tal experiência seria, porém, quase impossível fazer-se entre o povo em que a mulher não é ainda o que deve ser – a primeira educadora de seus filhos, a mais útil amiga do homem.

Enquanto, pois, ela não atingir a esse estado em que esperamos vê-la um dia colocada, é de rigorosa necessidade para os pais recorrerem aos colégios cujas diretoras sejam reconhecidas por seu zelo e dedicação ao ensino. Ali ao menos a menina gozará de duas vantagens, a de seguir os estudos em horas para isso reguladas, e a de não se achar tão em contato com os escravos, cláusula essencialmente necessária para o bom resultado da educação.

Já que tocamos em uma das causas capitais da pouca morigeração de nossa mocidade, desenvolvamo-la de pronto, com o laconismo a que nos obriga o título deste escrito.

XLI

Um prejuízo muitas vezes fatal à infância, um crime, diremos nós altamente, introduziu-se no Brasil, porque não é ele de origem brasileira: é o que leva as mães a negarem, por miseráveis considerações mundanas, seu seio aos seus recém-nascidos. Nada nos parece tão revoltante como ver uma mãe, sem causa justificada pela natureza, consentir que seu filho se alimente em seio estranho.

Se Rousseau, com o seu *Emílio,* fez corar as mães francesas pelo esquecimento em que estavam desse primeiro dever da maternidade, na França, onde as amas têm mais ou menos alguma educação e se distinguem pelo asseio; o que sentiriam as mães brasileiras que bem compreendessem aquele livro à vista de seus filhos pendentes do seio de míseras africanas, que passam, muitas vezes, do açoite, na Casa de Correção ou nas dos próprios senhores, ao berço do inocente para oferecer-lhe seu leite?

Entretanto, é esta a primeira lição preparada ao menino brasileiro, lição que bebe com esse leite impuro e lhe vai com ele contaminando assim o físico como o moral.

Antes mesmo de saber articular sons distintos, grande parte dos nossos meninos já se apercebe de ter naquela que lhe dá o alimento uma escrava submissa a seus caprichos. Antes de compreenderem o que é mandar e obedecer, eles sabem com gestos exercer o comando e exigir a obediência. O vocábulo imperioso – “quero” – é pronunciado de comum com os de “mamã” e “papá”. Estes têm quase sempre a imperdoável fraqueza de não somente lhes ensinar aquele som vago para a pequena inteligência que o escuta e repete, mas ainda a de aplaudirem a sedutora graça com que o fazem, ensinando-lhes assim a contraírem o hábito da impertinência, e isto porque tais graças os divertem.

É um erro muito vulgarizado, principalmente entre nós, supor que as crianças nada perdem nessa primeira idade, vendo, ouvindo e imitando os maus exemplos praticados em torno delas. Não se advertindo que a educação, para ser perfeita, deve começar do berço, persiste-se em deixá-las, com plena liberdade, seguirem todas as suas fantasias sob o pretexto de *não saberem elas ainda o que fazem.* O sábio Fénelon, em seu livro *De l'Éducation des Filles,* falando desse primeiro período da infância, diz:

> *Ce premier âge qu'on abandonne à des femmes indiscrètes et quelques fois déréglées, est pourtant celui ou se font les impressions les plus profondes et qui par consequent a un grand rapport à tout le reste de la vie.*
> *Avant que les enfants sachent entièrement parler, on peut les préparer à l'instruction. On trouvera peut-être que j'en dis trop: mais on n'a qu'à considerer ce que fait l'enfant qui ne parle pas encore: il apprend une langue qu'il parlera bientôt plus exactement que les savants ne sauraient parler les langues mortes, qu'ils ont étudiées avec tant de travail dans l'âge le plus mur.*[200]

"O menino", diz ainda Santo Agostinho[201], "entre seus gritos e seus brinquedos, nota a palavra que é sinal do objeto: e o faz ora considerando os movimentos dos corpos naturais, que tocam ou mostram os objetos de que se fala, ora sendo tocado pela frequente repetição da mesma palavra para significar o mesmo objeto. É certo que o temperamento do cérebro das crianças lhes dá uma admirável facilidade para a impressão de todas as imagens: mas que atenção de espírito não é preciso para discerni-las e para referi-las aos objetos?"

Não obstante ver-se todos os dias os atos dos nossos meninos comprovarem a justeza dessas observações feitas por dois grandes órgãos das verdades cristãs, obstina-se, todavia, em fechar os olhos a tais atos, sem dúvida simples em seu começo, mas de tanto momento quando as ideias abrangem um certo espaço no mundo moral.

Em piores condições que as do povo entre o qual escrevia Fénelon acham-se os brasileiros. Entretanto, grande parte destes vê ainda sem repugnância seus filhos nos braços de desmoralizadas escravas ou, por elas

---

200 "Esta primeira idade em que se entrega [a criança] a mulheres indiscretas e algumas vezes desregradas, é aquela em que se produzem as impressões mais profundas e que, por consequência, tem grande relação com todo o resto da vida. Antes que as crianças sejam inteiramente capazes de falar, pode-se prepará-las à instrução. E, caso se pense que exagero, basta considerar o que faz a criança que não fala ainda: aprende uma língua que logo haverá de falar com mais exatidão do que os sábios falariam as línguas mortas, as quais estudaram com tanto trabalho na sua idade mais madura." A citação do livro de Fénelon está à p. 17-18 da edição de 1687 (Paris: Chez Pierre Aubouin, Pierre Emery et Charles Clousier).

201 Agostinho de Hipona (354-430): entre os seus numerosos escritos, registra-se uma obra pedagógica, *De Magistro*, do ano de 389. A referência acima, todavia, Floresta a extraiu do próprio Fénelon, onde ela consta em continuação ao parágrafo anterior (p. 18-19 da edição citada).

acompanhadas, irem de uma a outra parte na habitação e fora dela. Quantas vezes temos tido ocasião de ver e lamentar essas criaturazinhas, impregnadas já do hábito contagioso das más companhias, inutilizarem as profícuas lições de uma moral pura e fácil de seguir. Para essa desgraça muito concorrem as mães que se achando no caso de moralizar suas filhas, em vez de retê-las, como devem, junto a si, habituando-as aos bons costumes, instruindo-as com ações e palavras edificantes, folgam de poder desembaraçar-se do *aborrecimento* causado pelo *choro* ou *motim* das crianças, encarregando as *pretas* de acalentá-las ou distraí-las.

XLII

Todo o serviço do interior das famílias sendo feito entre nós por escravos, a menina acha-se desde a primeira infância cercada de outras tantas perniciosas lições, quanto são as ocasiões em que observa os gestos, as palavras e os atos dessa infeliz raça, desmoralizada pelo cativeiro e condenada à educação do chicote.

Sua nascente sensibilidade se habitua gradualmente a esse espetáculo afligidor, repetido quase diariamente à sua vista. Não é raro vê-la (com horror o dizemos) infligir[202] o mais cruel tratamento à própria ama que a amamentou, a qual é alguma vez indiferentemente vendida ou alugada como um fardo inútil, apenas acaba de ser-lhe necessária.

Esta revoltante ingratidão é um dos mais detestáveis exemplos dados à menina, que, tendo um dia de ser mãe, o transmite por seu turno a seus filhos!

De um lado os mais rudes tratamentos do senhor para com o escravo, do outro a impotência deste em repelir um jugo anticristão, sancionado pela mais tirânica das leis, e a necessidade do artifício para iludir o senhor e atenuar os sofrimentos da escravidão – tais são os quadros constantemente apresentados na vida doméstica às crianças, que crescem e se vão pouco a pouco insinuando em diversas e perigosas práticas, passando dos aposentos de seus pais aos quartos das escravas que as pensam.

Assim, aquele embrião de inteligência envolvido na epiderme[203] de uma graça factícia desenvolve-se nas condições mais contrárias ao seu futuro engrandecimento.

E ninguém atenta para as desfavoráveis impressões que destarte vai a infância recebendo e gravando na cera que, conforme a expressão de Homero, tem-se na alma, onde se conservam com traços mais ou menos distintos – impressões que, semelhante a sutil veneno, lhe destroem por vezes as melhores disposições naturais.

Trata-se de embelecer, por todos os meios da arte, o exterior das nossas meninas, o qual poderíamos comparar à haste ascendente de uma tenra planta, entretanto que se vai deixando, com inqualificável negligência, a haste descendente receber de um mau terreno, sem preparação alguma, nutrição viciada que terá de transmitir à planta em geral a sua perniciosa influência…

---

202 No original está "infringir", por evidente lapso de revisão.

203 No texto original está "no epiderme".

Aos tristes e inevitáveis resultados do constante viver dos meninos em contato com escravos reúnem-se outros escolhos não menos funestos à sua educação, sendo um dos mais revoltantes o pouco respeito havido entre nós para com a inocência.

Nada é mais comum no Brasil do que o uso por demais condenável de se falar sem nenhuma reserva perante as crianças. Há mesmo aí quem, pelo simples desejo de um passatempo agradável, as entretém sobre assuntos que fariam corar a homens bem morigerados, em qualquer idade.

Por toda a parte encontram elas uma ação, um gesto, um riso indiscreto em certas ocorrências, que as vão iniciando em tenebrosos conhecimentos, quando o espírito não tem ainda suficiente luz para guiá-las nesse tremendo dédalo, nem a alma assaz de energia para repelir insinuações que tanto degradam a espécie humana e tanto horror deviam inspirar aos povos cristãos.

XLIII

Se é lamentável o quadro de indiferentes procurando murchar com seu hálito pestífero a flor da inocência, quando apenas desabrocha nessa mocidade que se vai enervando nos vícios e abrindo, sem o prever, um abismo insondável a si e à pátria, mais lamentável é ainda o espetáculo pungente de uma conduta desregrada, dado por alguns pais a seus próprios filhos.

Acumulando em torno deles matérias inflamáveis prestes a incendiá--los ao contato de uma primeira centelha, esses pais, engolfados no turbilhão das paixões ou entregues ao torpor da ignorância, não preveem, nas explosões parciais repetidas todos os dias às suas vistas, a explosão geral que surdamente se prepara pela viciada educação da nossa mocidade.

Repugnando-nos enunciar os numerosos fatos que comprovam esta verdade – fatos aliás patentes a todos, mesmo no santuário da família –, citaremos algumas linhas do dr. Rendu,[204] tiradas de seu livro *Études sur le Brésil,* publicado em 1848:

> *Les jeunes brésiliens sont souvent pervertis presque au sortir de l'enfance; autre l'exemple de leurs pères qu'ils ont sous les yeux, garçons et filles, maitres et esclaves passent ensemble la plus grande partie de la journée à demi vêtus; la chaleur du climat hâte le moment de la puberté, les desirs excites par une education vicieuse [...] les precipite bientôt dans un abattement physique et moral. Pour remédier à cette dépravation qui atteint la population jusque dans sa source, il faudrait une révolution complete dans les moeurs du pays; mais tant que l'esclavage subsistera, en vain indiquera-t-on les causes du mal etc. etc.*[205]

Essa revolução nós a desejamos ardentemente, quaisquer que sejam os meios para isso empregados, contanto que possamos obter o melhor dos resultados a que aspiramos para o porvir venturoso de nossa terra.

---

204 Alphonse Rendu. O título completo do livro citado pela autora é *Études Topographiques, Médicales et Agronomiques sur le Brésil* (Paris, J. B. Baillière, 1848).

205 "Os jovens brasileiros são muitas vezes pervertidos quase ao sair da infância; além do exemplo que eles têm sob os olhos, rapazes e moças, senhores e escravos juntos passam a maior parte do dia seminus; o calor do clima apressa o momento da puberdade, os desejos excitados por uma educação viciosa [...] cedo os precipita(m) num abatimento físico e moral. Para remediar esta depravação que atinge a população até sua fonte, seria necessária uma revolução completa nos costumes do país; mas, enquanto subsistir a escravidão, em vão se indicarão as causas do mal."

Todos os viajantes estrangeiros que têm vivido no Brasil são mais ou menos de acordo na análise que fazem de nossos costumes. Aqueles mesmos cuja simpatia pelos brasileiros é uma garantia da imparcialidade de seu juízo emitido a respeito – tais como o ilustre botânico A. de St. Hilaire,[206] a quem ouvimos, ainda em 1851, falar dos brasileiros com a mais entusiástica afeição – referem muitos casos por eles testemunhados em Minas, Goiás, S. Paulo etc., que demonstram evidentemente o triste estado da nossa civilização.

Conquanto tais análises, por severas, nos revoltem, temos a consciência de que são merecidas. Custa infinitamente ouvir verdades que ferem o nosso orgulho nacional, mas nós somos da opinião dos que transpõem as raias da individualidade para ocupar-se do bem geral, e pensamos que se deve sufocar o mal-entendido orgulho que nos faz persistir em inveterados erros, atraindo-os a justa censura das nações cultas. Tratemos de seguir-lhes o exemplo, não no que elas conservam ainda de ridículo – que, duplicadamente ridículo, tão bem imitamos, perdendo o nosso tipo americano sem obtermos a perfeição europeia, mas sim no que essas nações contêm de útil, belo e grande.

206 Augustin (conhecido como Augusto) Saint-Hilaire (1799-1853) esteve no Brasil por seis anos a partir de 1816, fazendo pesquisas botânicas. Retornando à França, escreveu: *Flora Brasiliae Meridionalis* (1825-1833); *Voyage dans les Provinces de Rio de Janeiro et de Minas Geraes* (1830); *Voyage dans le District des Diamants et sur le Littoral du Brésil* (1833); *Voyage aux Sources du Rio de São Francisco* (1847-1848); *L'Agriculture et l'Élève du Bétail dans Campos Geraes* (1849); *Leçons de Botanique* (1840).

XLIV

Copiemos antes de tudo a educação que naqueles países se dá à mocidade. Imitemos principalmente os ingleses no respeito à religião e à lei, os alemães no hábito de pensar e no empenho de elevarem-se acima de todos os povos pelo estudo e pela reflexão, os franceses em seu espírito inventor e em suas generosas inspirações civilizadoras: a todos, no gosto pelo trabalho e no desejo sempre progressivo de engrandecerem-se por seu engenho e atividade.

Quando vemos naquelas nações tomarem-se todos os dias novas medidas para melhorar mais a educação de sua mocidade, a qual tão inferior se acha – e se achará, talvez por séculos ainda, a nossa –, o coração se nos contrai no peito ao contemplarmos o nosso Brasil tão rico, tão grandiosamente excedendo a todas as nações do mundo em recursos naturais, precisando lutar, ainda no século XIX, com grandes dificuldades para oferecer às suas mulheres uma tênue parte da instrução que as classes mais baixas daqueles países da Europa e dos Estados Unidos podem facilmente obter.

Não é, porém, a falta de erudição que mais devemos lamentar: ela poderá desaparecer mais tarde. A luz brilha nas trevas, e para logo as trevas deixam de existir. A ignorância de nossas mulheres poderá ser um dia substituída por conhecimentos que as tornem dignas de renome. Mas o mesmo não acontecerá a respeito da viciada educação que, como incêndio, vai lavrando pelo centro das famílias e deixando-lhes consideráveis vestígios, que nenhuma instrução conseguirá apagar.

O espírito pode enriquecer-se de belos e úteis conhecimentos em todas as idades antes da decrepitude. Voltaire aprendeu a música no último período de sua vida longa de 84 anos. Muitas grandes inteligências cujos preciosos legados a humanidade desfruta atingiram, como Rousseau, a idade adulta sem as profundas luzes que fazem hoje a nossa admiração. Só a educação para produzir salutares efeitos deve acompanhar o indivíduo desde a infância.

Nas condições, pois, já mencionadas em que se acham as nossas meninas, impossível lhes será adquirirem o hábito das boas práticas, cujo todo constitui a base de uma completa educação, por quanto grande parte das mães, longe de se esforçarem por diminuir os prejudiciais efeitos de tais condições, lhes vão por seu turno inculcando princípios demasiadamente arriscados para elas no futuro. Aquelas que, melhor que ninguém podiam inspirar-lhes sentimentos simples e benignos, são quase sempre as primeiras em dar-lhes, uma, o espetáculo de sua iracúndia; outra, o de desleixo, ou de um luxo ruinoso, que levam as famílias à miséria e à dissolução; esta, o de certas teorias levianas, tidas como inocentes, mas de tão graves consequências para a mulher, que lá se está formando nesse pequeno ser compilador atento chamado menina.

Outras ainda têm a indiscrição de deixar suas filhas aperceberem-se de suas desinteligências domésticas. Quem há aí que não tenha visto certas mães, esquecidas do que devem a si mesmas e à moral de seus filhos, patentearem a estes, bem vezes com desabrida imprudência, os seus desgostos reais ou indiscretos ciúmes? Algumas cometem até a imperdoável falta de inspirar-lhes antipatia por aquele que lhes deu o ser, a fim de os atrair melhor à sua causa.

Nada por certo é mais prejudicial à educação das filhas do que as repetições dessas cenas domésticas, natural ou artificiosamente representadas pelas mães, manifestando o resfriamento dos deveres impostos pela sociedade e mantidos pelo bom senso e pela religião no seio das famílias pensadoras, compenetradas do empenho de firmarem o venturoso porvir dos tenros seres que se vão modulando pelos exemplos daquela cuja voz mais império tem sobre seus corações.

Uma mãe é então o quadro mais eloquente para lhes servir de norma em sua conduta futura, o modelo que devem primeiro copiar: se esse modelo não é perfeito, como poderá a menina apresentar uma cópia perfeita?

XLV

Algumas naturezas privilegiadas se mostram, entretanto, pelo meio de nós, isentas do contágio desses perniciosos exemplos, não obstante acharem-se deles rodeadas desde a infância; e, se algum lenitivo podemos ter na desordem em que se acha o sistema de nossa educação, é por sem dúvida o quadro que nos apresentam elas. Muitas de nossas brasileiras, apesar da atmosfera de subversivos princípios em que respiram, são, todavia, o modelo do sexo e a honra da humanidade. Filhas, elas respeitam seus pais, lamentando no silêncio d'alma suas faltas, seus crimes, se os cometem, sem que a mais ligeira censura lhes escape dos lábios. Esposas, seu coração se compenetra religiosamente de seus deveres e folgam de sacrificar a seus esposos toda a ventura de sua vida, antepondo à sua inconstância ou à sua dureza a incessante prática das virtudes domésticas. Mães, elas dirigem com perseverante zelo a educação de seus filhos, afastando-os dos cardos que lhes juncam o trânsito da primeira mocidade, e chorando seus desvios quando não podem deles preservá-los. A vida é para tais naturezas uma luta constante, de que saem sempre vitoriosas, mas não felizes, porque não podem harmonizar seus nobres sentimentos com a degeneração de seu semelhante, que amam e que desejariam ver trilhando a senda da moral e da equidade.

Felizes os homens a quem tais naturezas cabem em partilha. Mais felizes as meninas cujos pais, guiados por um espírito reto e esclarecido, trabalharem para remover as causas destruidoras das boas disposições com que as dotara a natureza. Se a generalidade de nossas mulheres não pode referir-se àquela exceção, é porque a isto se opõem não somente os obstáculos já apontados, mas também o costume nocivo, tão ridículo e geralmente admitido entre nós, de emprestar às crianças maneiras contrafeitas e de inspirar-lhes gostos próprios da idade adulta. Assim, os meios empregados de ordinário para o seu desenvolvimento moral tendem palpavelmente a destituí-las de certa naturalidade, a cujo encanto não consegue equiparar-se a aquisição de todas as prendas ensinadas.

A menina alemã, inglesa, e mesmo a francesa, é um pequeno tesouro de graças naturais, respirando a mais pura inocência, exprimindo com mais ou menos espírito, porém sempre naturalmente, a ingenuidade de sua alma refletida em sua fisionomia infantil, como os primeiros raios do sol da primavera de seu país natal se refletem nos feiticeiros lagos de seus aromáticos jardins.

E o que é da menina brasileira? À fé que a não podemos encontrar nessas pequenas criaturas apertadas nas barbatanas de um espartilho, penteadas e vestidas à guisa de mulher, afetando-lhe os meneios e o tom, destituídas muitas vezes de toda a simpleza e candura que constituem o maior atrativo da infância.

> *L'enfance avec ses grâces naïves n'existe pour ainsi dire pas au Brésil* (diz um dos viajantes já citados). *À sept ans le jeune brésilien a déjà la gravité d'un adulte, il se promène majestueusement, une badine à la main, fier d'une toilette qui le fait plutôt ressembler aux marionnettes de nos foires qu'à un être humain; au lieu de vêtements larges et commodes qui permettent aux membres de libres mouvements, il est affublé d'un pantalon fixé sous les pieds et d'une veste ou d'un habit qui l'emprisonne et l'étreint. Rien de triste, selons nous, comme ces pauvres enfants condamnés à subir les exigences d'une mode absurde etc. etc.*[207]

Infelizmente para o sexo, as nossas meninas fornecem mais amplos e tristes exemplos para esta análise.

207 "A infância com suas graças ingênuas não existe, por assim dizer, no Brasil. [...] Com 7 anos o menino brasileiro tem já a gravidade de um adulto, passeia majestosamente, bengala à mão, orgulhoso de uma roupa que o faz parecer-se mais com as marionetes de nossas feiras que com um ser humano; em vez de roupas largas e cômodas que permitam o livre movimento dos membros, ele se enrola numas calças que vão até os pés e numa casaca ou num sobretudo que o aprisionam e o apertam. Nada mais triste, a nosso ver, que essas pobres crianças condenadas a suportar as exigências de uma moda absurda."

XLVI

Não há muito tempo, teve lugar em um colégio desta corte,[208] em presença de oitenta alunas, um espetáculo dolorosíssimo, cujo conhecimento ofereceria aos escritores estrangeiros matéria para um capítulo assaz frisante sobre a história dos nossos costumes.

Uma menina de 6 anos frequentava como externa aquele colégio. Anjo de gentileza e de candura baixado ao mundo infecto dos homens, ela captava a simpatia de todos e inspirava profundo interesse à diretora, que, vendo-a respirar com dificuldade sempre que entrava para as classes, tinha o cuidado de afrouxar-lhe o espartilho que lhe oprimia o peito a tal ponto. Por vezes, ponderou à mãe da inocente supliciada as funestas consequências que podiam resultar de lhe comprimir assim os tenros órgãos, os quais tanto necessitam de livres movimentos para bem desenvolver-se.

Baldadas foram tais observações, que os médicos de nossa terra deveriam, em honra de sua nobre missão, fazer incessantemente às mães de família, porquanto os conselhos do homem da ciência, do consolador da humanidade, obteriam em tais circunstâncias mais resultado do que os das diretoras e amigas.

Depois de haver passado parte de uma noite no teatro, constrangida no espartilho para atrair à indiscreta mãe elogios pelo seu bom gosto em vesti-la, a pobre inocentinha submeteu-se ainda, na manhã seguinte, a um novo processo de aperto, ataviando-se para o colégio. Apenas entrou em sua classe, a diretora viu-a vacilar, querendo sentar-se. Voa a tomá-la nos braços, desabotoa-lhe o vestido… Era já tarde! A pobrezinha, soltando um doloroso ai, tinha expirado, vítima da vaidade de sua mãe.

Esta, sendo advertida, correu muito tarde para receber o derradeiro ósculo de sua filha, porém muito cedo para contemplar a obra de seu louco desvanecimento. A martirizada cintura da inocente simulava as dos penitentes do fanatismo, ou, antes, das vítimas do Santo Ofício. Espetáculo lastimoso e revoltante, por ter origem na pretensão de uma mãe a tornar sua filha notável pelo artifício do corpo. A ocasião pareceu oportuna à diretora para tentar uma reforma no espírito de suas alunas, abalado profundamente à vista daquela triste florzinha, ceifada tão de chofre e prematuramente pelo fatal abuso de uma moda a quem, sem escrúpulo, se sacrifica entre nós a saúde das meninas.

Falou-lhes dos deveres inerentes ao cristão, do quanto é essencial conservar a pureza d'alma para que a Eternidade nos surpreenda em paz a qualquer idade ou situação da vida, e demonstrou-lhes o perigo que correm

---

208 Foi este o próprio Colégio Augusto, de Nísia Floresta.

os que se ocupam do físico em preferência ao moral. Suas palavras eram verdadeiras porque partiam do coração, eloquentes porque lhas inspirava a presença de um féretro. Não podiam deixar de produzir impressão.

As mães, a quem suas filhas noticiaram aquele acontecimento, cuja vista as havia tanto sensibilizado, lamentaram-no e conosco horrorizaram--se de uma tão grande aberração da ternura e do bom senso materno. Mas em pouco a impressão desapareceu, e mães esqueceram aquele resultado da criminosa vaidade de uma mãe.

Algum tempo depois os espartilhos, tirados às que haviam testemunhado essa pungentíssima cena, voltaram de novo a comprimi-las.

A imagem da morte havia desaparecido, e a moda reconquistava todos os seus loucos e funestos excessos.

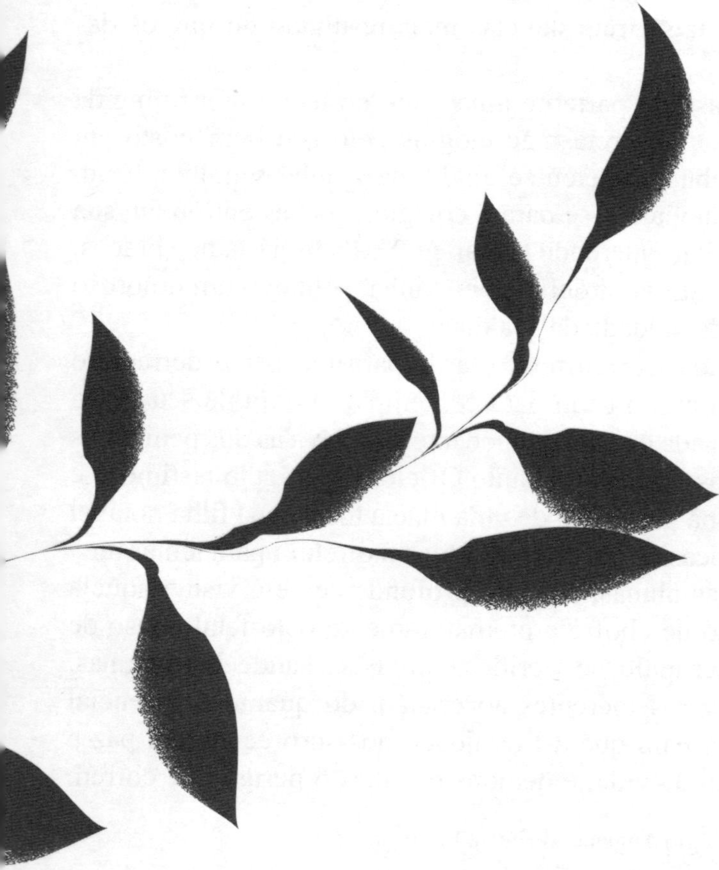

XLVII

As lições e os esforços de uma ou outra pessoa, desta ou daquela família, nada podem contra a generalidade dos princípios e hábitos seguidos por uma nação inteira.

Um ou outro pai conseguirá educar bem seus filhos, mas, não estando esta educação no espírito de seu país, eles permanecerão estrangeiros no meio de sua própria sociedade, e nada terá o país ganho com estas frações diminuídas da enorme soma dos prejuízos e erros que presidem à educação geral. Para cortar as cabeças sempre renascentes dessa hidra moral, seriam precisos outros tantos Hércules quantas são as ideias e práticas errôneas do nosso povo.

Enquanto o governo e os pais não reconhecerem o dano de tais práticas e se esforçarem por bani-las inteiramente, em vão uma ou outra voz se levantará para indicar os meios de um melhoramento, considerado ainda por muitos como utopia.

"*C'est la nature du govemement de chaque société*", diz Mme. Coicy[209], "*qu'établit la nature de l'éducation, qui y donne la faiblesse ou la force, les vices ou les vertus.*"[210]

Este princípio é incontestável, mas, se na insuficiência de enérgicas medidas do governo para a reforma da nossa educação apelamos para os pais de família, é porque estamos convencidos de que, em um país onde a escravidão é permitida, deles dependem principalmente os meios de subtraírem seus filhos a grande parte dos inconvenientes que os prejudicam. Um desses inconvenientes é, por sem dúvida, a instrução superficial, isolada de uma educação severamente moral, que constitui de ordinário a superioridade das nossas meninas de hoje sobre as de outrora.

Desconhecendo-se ou não se querendo seguir comumente o bom método de educar, vai-se usando com elas pouco mais ou menos daquele com que foram suas mães educadas, acrescentando-se-lhe por vezes certa liberdade mal-entendida e, por estar em moda, o ensino de algumas prendas vedadas outrora ao sexo.

Certo, o que se chama por via de regra no Brasil dar boa educação a uma menina? Mandá-la aprender a dançar, não pela utilidade que resulta aos membros de tal exercício, mas pelo gosto de a fazer brilhar nos salões; ler e

209 Mme. Coicy escreveu: *Demande des Femmes aux Etats Généraux* (1789) e *Les Femmes Comme il Convient de les Voir, ou Apperçu de ce que les Femmes Ont Été, de ce Quelles Sont, & de ce Quelles Pourraient Être* (1785).

210 "É a natureza do governo de cada sociedade [...] que estabelece a natureza da educação, que lhe confere força ou fraqueza, vícios ou virtudes."

escrever o português, que, apesar de ser o nosso idioma, não se tem grande empenho de conhecer cabalmente; falar um pouco o francês, o inglês, sem o menor conhecimento de sua literatura; cantar, tocar piano, muita vez sem gosto, sem estilo, e mesmo sem compreender devidamente a música; simples noções de desenho, geografia e história, cujo estudo abandona com os livros ao sair do colégio; alguns trabalhos de tapeçaria, bordados, croché etc., que possam figurar pelo meio dos objetos de luxo expostos nas salas dos pais a fim de granjear fúteis louvores à sua autora.

O desenvolvimento da razão por meio de bons e edificantes exemplos da família; o hábito de raciocinar, que se deve fazer contrair às crianças, ensinando-as a atentarem no valor das palavras que proferem e ouvem proferir aos outros; discriminar as boas das más ações, excitando-as a imitar aquelas e a reprovar estas – tudo isto se deixa na mais completa negligência: o que há de mais essencial a ensinar ou a corrigir guarda-se para uma idade mais avançada, repetindo-se sempre: “Ela é tão criança!”.

Assim, quando a menina passa da casa paterna para o colégio, leva no espírito o germe, algumas vezes tão desenvolvido, de mil pequenos vícios, que impossível ou muito difícil é desarraigar.

E quais são aí as educadoras, por mais dignas que sejam de exercer tais funções, que ousam contrariar inteiramente as opiniões e o gosto dos pais a respeito da educação de suas filhas? Seria exporem-se a ver suas aulas sem auditório, e, como já observamos, sendo o magistério em nossa terra por via de regra um objeto de especulação, grande cuidado se tem em transigir com os pais de família, embora com detrimento dos alunos.

É partindo desta experiência que tiramos a conclusão de que, no Brasil, não se poderá educar bem a mocidade enquanto o sistema de nossa educação, quer doméstica, quer pública, não for radicalmente reformado.

Debalde tentarão os diretores e mestres que pertencem à exceção da regra enunciada fazer de seus alunos indivíduos bem morigerados, conspícuos e modestos, se os pais não forem os primeiros em inspirar-lhes estes princípios. Debalde esperarão os pais que tal fizerem os devidos progressos destes princípios, se os mestres não possuírem as qualidades indispensáveis para preencherem os encargos do magistério.

Será, portanto, da comunhão das boas práticas de uns e de outros que somente poderão sair homens e mulheres capazes de firmar o renome da nação brasileira, a qual, tão grandemente elevada pela natureza, tão pequeno espaço tem ainda conquistado no vasto e fértil campo da civilização moderna.

XLVIII

Por uma anomalia dos nossos costumes, no Brasil, onde a mulher nada é ainda pelo espírito e nenhuma liberdade goza das que utilizam e honram as mulheres do Norte, aqui onde o seu nome não se alistou até hoje no grande catálogo dos progressos humanitários por uma instituição qualquer de beneficência, são as mães quase sempre o árbitro exclusivo da educação das filhas, prerrogativa de que muitas se ufanam, por não verem nela o indiferentismo ou o desprezo hereditário de nossos homens pela educação do sexo.

A elas, pois, incumbe particularmente prevenir ou corrigir as faltas dos primeiros anos, convencidas de que é um absurdo pretender que as meninas a cuja educação doméstica não presidem os bons exemplos e o empenho constante de bem dirigi-las possam depois aproveitar, em toda a amplidão, as boas lições que porventura venham a receber.

Atentem todas as mães brasileiras – como convém ao seu próprio interesse, à dignidade da família e à glória da pátria na aurora do seu engrandecimento – para as propensões de suas filhas, e empreguem todos os seus esforços para arredá-las a tempo de tudo quanto possa animar as más e enfraquecer as boas, evitem-lhes, sem que elas se apercebam, até uma certa idade, as ocasiões de acharem-se em companhia de quem quer que seja, longe de suas vistas ou das de preceptoras esclarecidas e dignas de sua confiança.

Transfundam nos tenros corações de suas filhas a inata doçura e as boas qualidades do seu, furtando-as aos exemplos de vaidade, de orgulho e dos erros que tendem a destruir ou a inutilizar a sua obra. Resignem por amor delas o gosto imoderado pelos prazeres do mundo, sem todavia abstê-las completamente deles, sendo que um e outro excesso lhes pode ser, da mesma sorte, prejudicial. É harmonizando distrações inocentes com úteis ocupações que uma mãe judiciosa deve procurar fortalecer o físico e o moral de suas filhas desde a mais tenra infância.

Procurem, sobretudo, habituá-las ao trabalho, apresentando-o como uma virtude necessária em todos os estados da vida, qualquer que seja a opulência do indivíduo, e não digno do desdém com que o olham certas classes.

As mulheres mais consideráveis das nações de que falamos sabem ocupar utilmente o tempo. A esposa, irmã e noras de Luís Filipe rodeavam de noite uma mesa redonda, no Palácio das Tulherias, para fazerem serão.[211] A esposa de Lamartine,[212] e outras muitas mulheres que vivem na grande sociedade e são obrigadas a sacrificar-lhe uma parte do seu tempo, têm, todavia, horas reservadas para o trabalho assim intelectual como material, alternando-o com obras de beneficência, em que grande parte delas se ocupa.

Um dos primeiros trabalhos de escultura que admiramos em Paris, na igreja de S. Germano L'Auxerrois, foi um grupo de anjos de mármore sustentando uma pia d'água benta, cinzelado pela digna companheira do inimitável escritor francês. Por toda a parte encontram-se naqueles países primores da arte, em todos os gêneros, da mão das mulheres, que provam não somente o seu gosto e o estudo a que se dão, mas também o hábito do trabalho adquirido desde os verdes anos.

Não é nas representações teatrais, principalmente as de nossa terra, nem nas casas de baile que entre nós muitas meninas frequentam de comum com o colégio – donde as mandam buscar, interrompendo seus exercícios escolares, para não perderem triunfos que inebriam as filhas e lisonjeiam os pais, nesta atmosfera viciada onde a *crocodílica* voz de improvisados galantes, ou de galantes parasitas, destrói quase sempre o efeito das mais severas lições de moral –, que uma jovem donzela adquire o gosto e o hábito do trabalho. Ainda menos, à janela, ordinariamente telégrafo especial do resultado da ociosidade em que as deixam vegetar. É, sim, no lar doméstico ou fora dele, mas estimulada sempre pelos bons exemplos da família e pelo nobre desejo de bastar-se a si mesma utilizando a humanidade.

Para guiar as meninas em tão grande e digno empenho, será preciso vencer-se a fraqueza que se tem de inspirar-lhes gosto por futilidades – as quais, dando-lhes apenas ligeiros matizes de boa educação, só lhes atraem passageiros sucessos, que lhes preparam bem vezes, no futuro, tristes e cruéis desilusões, senão a perda do repouso da consciência, a ruína total de sua felicidade.

---

211 Luís Filipe de Orléans (1773-1850), rei da França de 1830 a 1848, casou-se em 1809 com Maria Amélia (1782-1866), filha de Fernando IV, das duas Sicílias. A irmã dela, já mencionada pela autora, era Eugênia Luísa Adelaide. Das cinco noras daquela rainha, duas tiveram íntima relação com a Casa Real brasileira: a princesa Vitória de Salsburgo, casada com o Duque de Nemours, foi a mãe do Conde d'Eu, genro de D. Pedro II; e a princesa em 1843, com o príncipe de Joinville, era irmã do segundo imperador do Brasil.

212 Alphonse-Marie-Louis de Prat de Lamartine (1790-1869): político e diplomata, compunha com Victor Hugo os dois maiores nomes da poesia francesa de seu tempo. Casou-se a 5 de junho de 1820 com Mary-Anne-Elisa Birch, jovem inglesa de formação protestante.

XLIX

Tocamos de passagem no triste exemplo apresentado às crianças, do desprezo e da excessiva severidade empregada por alguns senhores para com os escravos, exemplo que tem já produzido parciais e praza a Deus não produza gerais funestas consequências.

Acrescentaremos agora que é muito para desejar que certas mães de família, a quem alguns desses infelizes têm a dupla desgraça de pertencer, retenham perante suas filhas os frequentes assomos de cólera que as levam a vomitar grosseiras injúrias contra eles, acompanhadas muitas vezes de castigos corporais que, com horror, temos visto consentirem e até excitarem suas jovens filhas a aplicar-lhes elas mesmas!

Não se refletindo que o embrutecimento dos escravos, privados de toda a educação moral e religiosa, deve escusá-los de grande número de suas faltas, não se lhes tolera a mais ligeira desobediência, quando por toda a parte veem eles (os que receberam educação) cometerem, em grande escala, graves desobediências quer para com seus pais, quer para com as leis do Estado.

Porém, muitos senhores, não querendo reconhecer que, sob o invólucro grosseiro do preto bate muitas vezes um coração nobre, generoso e capaz das maiores virtudes que honram a humanidade, creem comprar no homem ou na mulher sujeitos ao tirânico jugo da escravidão um animal de carga, ou um necessário autômato, cujas molas devem mover-se a gosto ou a capricho de seu dono.

É tempo de fazer sentir à nossa mocidade que, por entre esses infelizes, a quem se oprime de trabalho e de maus-tratos, negando-se-lhes até a liberdade de refletir, existem mães, filhos, irmãos etc. que sofrem em silêncio, sem outra defesa mais que suas lágrimas, sem outra garantia que a cega obediência, sem outra vingança que a sua muda oração a Deus...

> Deus que nenhuma raça fez
> Para sobre uma outra ter
> Revoltante primazia,
> Ilimitado poder.[213]

Mães brasileiras, afastai dos olhos de vossos filhos o espetáculo de uma opressão cruel que lhes enerva a compaixão e agrava mais a triste sorte desses míseros a quem deveis, como cristãs, caridosamente dirigir. Ensinai-

213 Os versos são do poema *A Lágrima de um Caeté,* da própria Nísia Floresta, publicado em 1849. A passagem está à p. 87 da reedição feita por Adauto Câmara na *Revista da Federação das Academias de Letras,* Rio de Janeiro, v. 2, n. 3, p. 66-88, 1938.

-lhes cedo a olhá-los como nossos semelhantes e, por conseguinte, dignos de nossa comiseração no estado a que os reduziram nossos maiores.

A viva compaixão que mostráveis quando meninas, como geralmente mostram todas as crianças vendo-os sofrer castigos, prova incontestavelmente que uma conduta inversa não pode ser resultado de propensão natural, mas sim da fatal herança de antiquado[214] e bárbaro prejuízo que, graças aos progressos da civilização moderna, a voz da humanidade, criando cada dia novos prosélitos, conseguirá banir da face de todo o mundo cristão.

Procurai, enfim, refundir todos esses e outros costumes, tão contrários à civilização dos povos, em um quadro de edificantes e dignos exemplos, mais próprio a ser copiado pela nossa mocidade de hoje e a tomá-la feliz em um futuro que é só dela.

---

214 Os dicionários antigos trazem "antiquário" também com o significado de "antiquado".

L

Em vez dos jogos de exercício, dos passeios campestres e de pequenos agradáveis trabalhos de uma utilidade real para a infância, acostumam-na em indolente languidez que a faz por vezes contrair males precoces, a depender inteiramente, ainda nas coisas mais fáceis, do auxílio das escravas, sem as quais a mulher brasileira assim habituada nada pode nem sabe fazer.

Não se adverte que a virtude e o saber são os únicos bens indefectíveis, que somente eles podem acompanhar o indivíduo através dos vórtices morais que aluem os palácios e os mesmos tronos, reduzindo à miséria os mais orgulhosos senhores de opulentas fortunas. Muitos pais, no meio dessa opulência, nas cidades ou em suas fazendas e engenhos, onde alguns vivem à guisa de verdadeiros baxás, fazem alarde de rodear suas filhas – cujo espírito deixam em completo ócio – do prestígio frívolo da grandeza material, grandeza que bem vezes lhes sufoca até o sentimento de sua natureza, julgando-se de uma raça privilegiada, superior a todos os seus semelhantes sujeitos às eventualidades da fortuna.

Quando esses colossos de vaidade desabam da altura a que os elevara a pura matéria, confundem-se no mundo das inteligências com o pó levantado pelo tufão que passa, pondo em evidência toda a sua nulidade e todo o horror de sua situação.

Prescindindo de outros muitos, a história da França moderna apresenta inúmeros exemplos da nenhuma estabilidade dessa opulência que ensoberbece e desvaira muitas famílias, quando só deveriam ver nela um meio de tornarem-se melhores, consolando a indigência e cooperando para o engrandecimento da pátria.

A nobreza francesa sob o Antigo Regime, educando suas filhas nos princípios aristocráticos que tanto a distinguiam, julgava bastante acrescentar ao conhecimento de sua ilustre linhagem e dos feitos d'armas de seus varões o ensino superficial de algumas prendas, adaptadas ao brilho de seu nascimento, então primazia indisputável nos direitos ao poder e à glória, apesar dos vícios e dos crimes que o haviam muitas vezes manchado.

O verdadeiro soberano das nações, o povo – esse vulto indelineável, como lhe chama o sábio A. Herculano, abriu a cratera de sua reconcentrada cólera e em pouco as grandes fidalgas, que haviam escapado à mão do algoz atrozmente descarregada sobre a linda cabeça de sua virtuosa e infeliz rainha,[215]

---

215 Maria Antonieta (1755-1793), esposa de Luís XVI. A crítica histórica está longe de chamá-la virtuosa. Frívola, imprudente, intriguenta e dominadora, ela teria sido, sim, infeliz, desde a intimidade de sua vida conjugal.

fugiam espavoridas,[216] ocultando o nome cujo prestígio as embriagara, ou definhavam de miséria e de dor nas águas-furtadas de Paris, e algumas, baldas de uma instrução sólida, serviram de damas de companhia, de aias de crianças nas casas de famílias burguesas, tão desdenhadas outrora por elas.

A lição havia sido tremenda, não podia deixar de aproveitar-lhes.

Desde então a nobreza compreendeu que não devia limitar a instrução de suas filhas ao conhecimento das etiquetas do grande *mundo* e ao da enumeração de seus títulos, que de nada valem nem utilizam nas crises que dissipam as ilusões de um nome herdado, de uma glória factícia. Hoje são elas educadas em princípios mais conformes à humanidade, e procuram adquirir sólidos conhecimentos no gênero de instrução a que se dedicam, sendo quase toda a nobreza de acordo em amestrar a mocidade ao trabalho, do qual lhe deu exemplo a própria rainha Amélia, até o dia de sua precipitada fuga pelos subterrâneos das Tulherias.[217]

Se as mulheres da alta aristocracia das nações cultas, cercadas da prestigiosa nobreza de tantos séculos, sustentada por fortunas colossais e pelos grandes feitos de muitos de seus maiores, compreenderam enfim que o trabalho é a única égide invulnerável, assim nos grandes terremotos sociais, como na agressão dos vícios em todas as classes da sociedade. Como podem as nossas conterrâneas, cujo orgulho não tem por base nenhuma daquelas vantagens, desprezar o trabalho e passar todo o seu tempo ocupadas de frivolidades, afetando muitas uma delicadeza que não lhes permite mesmo, sem comprometer sua saúde, suportar os descuidos ou o serviço malfeito das *mucamas?*

É na verdade para lastimar ver algumas de nossas meninas – possuindo, aliás, os necessários elementos para tornarem-se excelentes mães de famílias e mulheres notáveis – entregues ao torpor de uma má educação, dormirem até alto dia, levantarem-se maquinalmente e vagarem pelo meio da família em completo desalinho, sem uma ideia do nobre fim para que foram criadas, sem um estímulo para as práticas e a ordem que as deviam conduzir a ele.

Se Helvécio – que diz ser o ócio necessário para o desenvolvimento da inteligência – tivesse razão, por certo que as mulheres das outras nações não poderiam levar a palma às nossas, que se acham nas melhores condições, conforme ele, para tal desenvolvimento.

Mas nem sempre os espíritos filosóficos veem a verdade onde ela está. Mme. de Staël, em vez do ócio, julgava ser a melancolia necessário incentivo

216 A rainha, prisioneira das forças da Revolução Francesa, intentou uma fuga em 20 de junho de 1791, tendo sido recapturada cinco dias depois.

217 Com o triunfo da Revolução de 1848 na França, a rainha Amélia e o rei Luís Filipe fugiram para a Inglaterra.

para obter-se o mesmo resultado, e houve uma época na França em que a melancolia e a languidez passaram por moda.

Os povos, ainda os mais ilustrados, têm também suas fraquezas. Esta foi uma das mais ridículas daquele, entre o qual felizmente certos escritores tomaram a peito banir das sociedades a representação de uma farsa, quando o gênio mais ou menos desenvolvido de seus atores a ia por demais generalizando.

LI

A educação física é ainda entre nós tão mal compreendida como a moral. Vemos crianças, podendo já fazer uso das pernas, passarem a mor parte do dia nos braços das diferentes pessoas da família, ou das escravas designadas pelos pais, que ostentam uma certa fortuna real ou aparente, para suportarem passivas esses fardos e todas as suas exigências.

O costume mourisco de se fecharem as mulheres em casa, que a civilização não desarraigou ainda inteiramente do Brasil – salvo nas famílias cujos chefes, temendo conceder-lhes a liberdade de um higiênico passeio cotidiano, deixam-nas livremente frequentar os espetáculos e as reuniões mais perigosas –, muito concorre para que as meninas não adquiram um certo grau de energia e de força, imperfeitamente obtido no trânsito que fazem algumas indo às escolas, pelo meio dos miasmas da atmosfera de *nossas ruas*, ou na constante vida caseira.

Há em todos os lugares habitados de nossa terra, mesmo em suas primeiras cidades, muitas famílias que passam anos inteiros sem transpor o limiar de suas casas a não ser nos domingos para irem à missa, se isso fazem! A vida se passa para grande parte delas sem outro exercício, sem outro trabalho afora o que algumas chamam, com ênfase, *governo da casa,* consistindo este muitas vezes no desgoverno, na confusão entre o nada fazer e o ordenar constantemente sem método, sem pensamento.

Nesse aprendizado e nessa indolência decorre a vida da menina, a quem se repete de contínuo a velha arriscada máxima: "Reprime todos os impulsos da natureza e embelece-te para seres mulher". Isto é, habitua-te desde a infância à hipocrisia e procura reinar pela matéria, embora o teu reinado seja de pouca duração.

Transcreveremos aqui um trecho da educação de uma menina inglesa dirigida por seu respeitável pai, cujo exemplo muito desejávamos ver seguido pelos pais brasileiros, ao menos o da sua maneira de pensar a respeito do sexo: "Tratei de dar a seu corpo e a seu espírito um grau de força que raras vezes se acha no sexo", diz esse venerável ancião.

> Apenas foi ela suscetível de pequenos trabalhos de agricultura, do cultivo do jardim, ajudou-me constantemente nesta sorte de ocupações. Selena (tal era o seu nome) adquiriu bem depressa, nesses exercícios, uma destreza cujos progressos eu admirava. Se as mulheres são em geral fracas de corpo e de espírito, é menos pela natureza que pela educação. Nós alentamos nelas uma

indolência e uma inatividade viciosas, que falsamente apelidamos delicadeza. Em vez de fortificar-lhes o espírito por meio dos severos princípios da razão e da filosofia, só se lhes ensinam as artes inúteis, que alimentam a moleza e a vaidade.

Na mor parte dos países que percorri, a música e a dança formam a base de sua educação. Elas só se ocupam de frivolidades, e somente isso lhes pode interessar. Esquecemos que das qualidades do sexo depende a nossa consolação doméstica e a educação de nossos filhos. Serão próprios para preencher tal fim seres corrompidos desde a infância, não conhecendo nenhum dos deveres da vida?

Tocar um instrumento musical, desenvolver suas graças aos olhos de alguns moços ociosos e corrompidos, dissipar os bens de seus maridos em loucas despesas – eis a que se reduzem os talentos de grande parte das mulheres nas nações mais civilizadas. As consequências de semelhante sistema são tais quais se podem esperar de uma fonte tão viciada: a miséria particular e a servidão pública.

A educação de Selena foi calculada sobre outras bases e dirigida por princípios mais severos, se todavia pode-se chamar severidade o que abre a alma aos sentimentos dos deveres morais e religiosos, e a prepara para resistir aos males inevitáveis da vida.

Quão longe se está em nossa terra, não diremos somente da prática, mas da razão esclarecida que ditou essas linhas!

Não só a espécie de instrução que distingue algumas de nossas jovens é, com pequenas exceções, reprovada por aquele respeitável pai, mas também se entretém nelas, em vez de procurar-se banir a indolência, "que em nosso clima se espreguiça e o infesta, / E as portas à Ciência e às Artes fecha", como tão propriamente disse o nosso poeta Magalhães.[218]

218 Domingos José Gonçalves de Magalhães (1811-1882): seu livro *Suspiros Poéticos e Saudades* (1836) é o marco de instauração do movimento romântico na literatura brasileira.

LII

Volvamos agora um olhar para as nossas classes pobres, e vê-las-emos quase por toda a parte perdendo o precioso tempo, de que poderiam tirar grande utilidade, se o empregassem em um trabalho bem regulado e seguido.

Diferentes das mulheres pobres das nações que mencionamos, as nossas pouco se ocupam em geral do dia seguinte, isto é, de ajuntar, por meio de uma indústria honesta e de razoáveis economias, com que prover no futuro as suas necessidades.

Enquanto aquelas, considerando o trabalho como um primeiro dever, procuram inspirar o gosto dele a seus filhos, acostumando-os a fazerem uso de seus membros, apenas andam, ensinando-os a entreterem-se em diversos brincos úteis de invenção sua, estas trazem os seus ao colo de manhã até à noite, e deixam-nos depois vagar até grandes, sem nenhuma sorte de ocupação.

Vimos na França e na Inglaterra mães de quatro, cinco e mais filhos, amamentando ainda um, saberem dividir e utilizar tão bem o seu tempo, que os pensavam, faziam todo o serviço interno da casa, e lhes sobravam horas para ajudarem seus maridos no comércio, nas artes ou na lavoura, apresentando no fim do dia um resultado de sua aplicação. Verdade é que naqueles países não se inculca, como aqui, à mulher a falsa ideia de que ela nada pode ser por si mesma, sendo indispensável o braço do homem para fazê-la *viver,* como a *sua razão* para dirigi-la. Assim, quando a jovem, de qualquer condição que seja, transpõe ali o limiar nupcial, não leva, como as nossas, a presunção de que alcançou a única glória a que deve aspirar a mulher, esperando do marido todas as suas comodidades e a satisfação de todos os seus caprichos, direito que julga indisputavelmente firmado constituindo-se simples mãe de seus filhos.

Presunção bem vezes fatal àquelas que não procuram firmar o seu direito em bases mais sólidas que não as das palavras do homem, pronunciadas perante um sacerdote, palavras que nenhuma felicidade real trazem à mulher sensível quando não são o resultado do sentimento e garantidas pela moral e constância daquele que as pronuncia.

Um exemplo bem eloquente desta verdade acaba de apresentar a infeliz esposa e mãe de cinco filhos, de um alto funcionário, homem ilustrado, magistrado íntegro e afetuoso pai.

Educada no meio da grandeza e amada depois por esse homem, a filha de um dos primeiros cortesãos de seu tempo devia por sem dúvida crer-se segura daquele direito, desde que o desposou e lhe deu cinco filhos.

Volveu o tempo... e a pobre mãe, que nunca tinha deixado de ser esposa fiel, pereceu abandonada e miseravelmente em uma pequena casa da mesma cidade, onde o esposo e seus próprios filhos, ostentando o luxo e a consideração da alta sociedade, só lhe apareceram em seus últimos dias para tornar-lhe mais dolorosa a hora do passamento.

Lição eloquentemente triste para as mulheres, de todas as condições, que se creem ao abrigo das vicissitudes da sorte só porque conseguiram tomar o nome de um homem de mérito.

É trabalhando de dia em dia por adquirir a afeição e os respeitos do companheiro que lhe coube por sorte, e por tornar-se superior aos acometimentos do ciúme, que a esposa consegue firmar a sua felicidade doméstica, e não por laços julgados indissolúveis e santos[219] por aqueles que facilmente os profanam quando as paixões os agitam.

219 Outra vez, Nísia Floresta demonstra a sua preferência divorcista.

LIII

Em geral os brasileiros não conhecem a economia do tempo, e é bem para lamentar que as classes pobres, principalmente, não se compenetrem da necessidade dessa economia e das vantagens que resultariam a seus filhos, se lhes apresentassem sempre com nobreza a imagem do trabalho, que devia caracterizá-las e distingui-las na sociedade de seu país.

Se o desprezo do trabalho produz nas classes abastadas funestas consequências, o que será das pobres, máxime daquelas que, não se resignando com o estado em que Deus as colocou, querem mostrar-se aos olhos do mundo trajadas acima da sua condição?

Na França, neste reino elegante das modas, distinguem-se as classes operárias pelo seu trajar, e muitas pessoas há dessa classe que, tendo adquirido fortuna, conservam nobremente depois a mesma simplicidade.

Este bom senso é, porém, desconhecido entre nós. Vê-se frequentemente a filha do empregado inferior, e mesmo do artesão, cujo trabalho apenas lhe dá para o sustento cotidiano, ostentar o luxo da filha do abastado. Um tal gosto imprudentemente inspirado pelos próprios pais dessa inocente tem-na muitas vezes levado à declividade de um abismo, donde não é mais possível retroceder.

É quase sempre dessa parte da sociedade, educada nos princípios contrários aos que convêm e honram a sua posição no mundo, que sai o maior número das vítimas da corrupção e da miséria, negras tarjas lançadas no painel colorido das nações civilizadas, riso satânico do espírito do mal transpondo inalterável os séculos para chasquear incessantemente do espírito do bem, que procura guiar a humanidade à perfeição.

Entregues à indolência e à ociosidade, na abnegação do trabalho, e na falência total de meios empregados para inspirar-lho, essas infelizes criaturas caem na degradação e muitas vezes no crime, perpetuando a miséria e o opróbrio de geração em geração por este vasto e rico solo do Brasil, que em seu nascente progresso tanto há mister de braços e de instituições morigeradoras.

Quantas vezes, em diferentes pontos de nossas províncias, tivemos ocasião de deplorar essas vítimas da vida ociosa de suas mães, ou de seus vícios, cujo aspecto enluta a natureza e punge a alma do homem virtuoso.

O imparcial A. de St. Hilaire, em seu livro sobre S. Paulo, tocando neste ponto, depois de algumas linhas que nos repugna transcrever, diz:

> *Nulle part je n'avais vu un aussi grand nombre de... il y en avait de toutes les couleurs, les pavés en étaient pour*

ainsi dire couverts. Il est pénible au voyageur honnête de descendre dans de si tristes détails, mais il doit avoir le courage de le faire lorsque c'est une occasion de montrer dans quel état de dégradation peuvent descendre les classes pauvres, si on les abandonne entièrement à elles-mêmes, si on ne leur apprend point que le travail en les éloignant du mal, les purifie et les honore, si enfin l'on néglige complètement leur instruction morale et religieuse. Les enfants de ces nombreuses femmes étaient à peine nés qu'ils avaient sous les yeux des vices; s'ils recevaient quelques leçons c'étaient celles de l'infamie; et le prêtre, oublieux des préceptes de son divin maître, le prêtre ne s'écriait pas comme lui: 'Ah, laissez approcher ces enfants jusqu'à moi'.[220]

Em outra parte, tratando da causa primordial desta corrupção, em um país tão grandemente favorecido da natureza, o ilustre viajante acrescenta:

Depuis Villa Boa jusqu'au Rio das Pedras j'avais peut-être eu cent exemples de cette indolence stupide. Ces hommes abrutis par l'ignorance, par l'oisivité, l'éloignement de leur semblable et probablement par des jouissances prématurées ne pensent pas; ils végétent comme l'arbre, comme l'herbe des champs.[221]

E de feito assim é. O viajante brasileiro que tem visitado os nossos sertões não poderá deixar de reconhecer o cunho da verdade nessas linhas do digno St. Hilaire e conosco fazer ardentes votos para que a narrativa do estado abjeto em que vive grande parte desses povos desperte a atenção e o patriotismo do nosso governo.

220 ""Em nenhum outro lugar eu tinha visto um número tão grande de... [prostitutas] Havia de todos os tipos, as ruas pareciam cheias delas. É doloroso para o viajante honesto descer a tão tristes detalhes, mas ele deve ter a coragem de fazê-lo quando tem a oportunidade de mostrar a que estado de degradação podem descer as classes pobres, abandonadas inteiramente a si mesmas, se não se lhes ensina que o trabalho, afastando-as do mal, as honra e purifica, se enfim se negligencia completamente a sua instrução moral e religiosa. Mal os filhos dessas numerosas mulheres haviam nascido e já tinham os olhos sobre os vícios; e o padre, esquecido dos princípios de seu divino mestre, não gritava como ele: 'Ah, deixai aproximarem-se de mim essas crianças'."

221 "Depois de Vila Boa até o Rio das Pedras era possível ter centenas de exemplos dessa indolência estúpida. Esses homens embrutecidos pela ignorância, pela ociosidade, pelo distanciamento de seu semelhante e provavelmente pelos prazeres prematuros não pensam; vegetam como a árvore, como a erva do campo."

LIV

Dissemos que não limitaríamos a nossa análise sobre a educação de nossas mulheres a esta ou àquela outra província, mas sim a todo o Brasil. Nunca nos assomaram os epidêmicos delírios de mal-entendido orgulho provincial, funesto germe[222] fomentado outrora entre nós por disfarçados inimigos da prosperidade desta grandiosa e rica peça, tão invejada pelos estrangeiros e tão ameaçada por seus próprios possuidores de perder em sua divisão o prodigioso valor que o seu todo constitui.

Amamos com religioso entusiasmo a nossa pátria, isto é, toda a vasta terra de Santa Cruz. Em qualquer ponto dela consideramo-nos em nossa pátria e os povos aí nascidos, nossos conterrâneos e irmãos. Que importa termos visto pela primeira vez a luz nesta ou noutra de suas províncias, se é o mesmo céu brasileiro que nos cobre, o nosso verdejante solo que pisamos, e se o mesmo interesse comum nos reúne e fraterniza?

Todos os brasileiros, qualquer que tenha sido o lugar de seu nascimento, têm iguais direitos à fruição dos bens distribuídos pelo seu governo, assim como à consideração e ao interesse de seus concidadãos.

É, portanto, em favor de todas as mulheres brasileiras que escrevemos, é a sua geral prosperidade o alvo de nossos anelos, quando os elementos dessa prosperidade se acham ainda tão confusamente marulhados no labirinto de inveterados costumes e arriscadas inovações.

A classe, chamada na Europa de povo, essa nobre classe onde as virtudes se perpetuam sem o auxílio do cálculo, sem o frívolo estímulo dos vãos títulos de avós, não pode ter a mesma acepção em um país onde não há nobreza hereditária e os títulos não se conferem somente ao verdadeiro mérito.

Fazemos, portanto, menção de duas classes distintas de brasileiros: rica e pobre. A primeira, podendo gozar, pelos favores só da fortuna, de todas as vantagens materiais, de todas as garantias obtidas com dinheiro, esse vil metal que na terra compra tudo, exceto a virtude e o talento. A segunda, podendo atingir pela inteligência ao cúmulo da glória que dão as artes e as ciências, únicos inexauríveis mananciais de poder e de prosperidade que enobrecem os povos e elevam as nações.

Tratando da educação da mulher nessas duas classes, a voz da humanidade primeiro, e depois a da honra do nosso país, nos impõe o dever de insistirmos com mais energia em reclamar o melhoramento da última, principalmente daquela parte que vive sem recursos, porquanto o seu

222 No original está "gérmen", forma preferida à época da autora.

abandono a expõe aos mais tristes extremos, não possuindo o prestígio de um título nem as galas da riqueza, que disfarçam e fazem mesmo desculpar os vícios abrigados nos salões.

Implorando, pois, a filantropia do governo para a classe desfavorecida da fortuna, repetiremos a esta as palavras do grande poeta Victor Hugo:[223]

Laisse-toi conseiller par l'aiguille ouvrière
Presente à ton labeur, presente à ta prière
Qui dit tout bas: travaille ! Oh ! crois-la; Dieu, vois-tu,
Fit naitre du travail, que l'insensé repousse,
Deux filles: la vertu, qui fait la gaite douce
Et la gaite, qui fait charmante la vertu ![224]

Se se instituísse uma classe pública de operárias[225] em toda a sorte de trabalhos, oferecer-se-ia a uma parte das famílias desvalidas do Brasil não somente um meio seguro de as livrar da miséria, mas ainda de habilitá-las para um futuro que não está longe.

Preparada por uma sábia administração, essa classe tiraria e faria ao mesmo tempo com que a pátria tirasse proveito dos grandes recursos que encerra o nosso riquíssimo solo.

Neste solo dileto do Criador, quando se tiver sabido dar o conveniente desenvolvimento à indústria e às artes, inspirando-se ao seu povo por meio de fortes incentivos o amor ao trabalho, as classes operárias não temerão por sem dúvida a mísera situação em que vive parte das operárias do país mais poderoso da idade atual, a Inglaterra. Essas infelizes criaturas vegetam, subtraídas aos olhos do público, nesse bazar do mais ostensivo luxo aristocrático, semelháveis ao corpo arruinado de úlceras, ocultando-se debaixo das sedas e pedras preciosas de que vãmente se adorna já ao tocar o limiar da eternidade.

Os progressos da civilização cristã nos deixam lobrigar o grande espetáculo do nosso povo regenerado da negra mancha que lhe imprimiram os nossos antepassados, cancro moral minando-lhe as mais excelentes qualidades d'alma.[226]

223 Victor Hugo (1802-1885): pontífice máximo do romantismo francês, teve também intensa atuação política, destacando-se pela defesa das ideias liberais e republicanas.

224 "Toma o conselho da agulha operária, presente em teu trabalho, presente em tua prece, que diz baixinho: trabalha! Oh! Crê; Deus, vês?, do trabalho, que o insensato repulsa, fez nascer duas filhas: a virtude, que torna doce a alegria, e a alegria, que torna encantadora a virtude."

225 Diante do quadro social que vem sendo descrito pela autora, pode-se ver como essa sua ideia era avançada para a época, sobretudo em se tratando de uma classe pública para mulheres.

226 Observe que Nísia Floresta assim se expressava em 1853, sob o império da escravidão no Brasil.

É mister habituar nossos filhos para esse feliz porvir, em que todo o trabalho será feito por braços livres; porvir de grandeza e de glória, no qual o brasileiro, extasiando-se na contemplação da magnificência de sua natureza, não sentirá, como nós, a aplicação que se nos pode hoje fazer, dos seguintes versos de Byron,[227] inspirados nas deliciosas margens do Tejo:

Poor, paltry slaves! Yet born 'midst nobles scenes
Why, Nature, wast thy wonders on such men?[228]

"Pobre povo de escravos, nascido em tão belo clima!
Para que prodigalizaste teus dons, ó Natureza, a semelhantes homens?"

227 George Noel Gordon, Lord Byron (1788-1824): um dos maiores representantes do romantismo na Inglaterra.

228 Os dois versos começam a 18ª estrofe do Canto I do *Childe Harold's Pilgrimage*, um dos livros mais apreciados de Byron.

LV

Estamos certos de que as pessoas convencidas do triste estado de nossa educação religiosa, depois que nos alistamos no catálogo das nações cristãs, ter-nos-ão já estranhado o silêncio que até aqui guardamos sobre uma das causas capitais deste estado: a falta de instrução e de exemplos edificantes dados pelo nosso clero à mocidade brasileira.

Falaremos, pois, neste ponto tão importante à morigeração de qualquer povo, não como rígidos censores derramando o fel que lhes vai pela alma, ao contemplarem por terra o monumento mais venerável das nações civilizadas, mas como humildes fiéis, com o coração pungido de dor pelos desvios de nosso povo, que vemos crescer, prosperar, ensoberbecer-se pelos pingues dons que lhe doou a pródiga natureza, sem refletir que é o trabalho do homem, e não a riqueza natural do solo, que engrandece as nações, e que, sem o respeito à religião e às leis, não poderá ele jamais assumir a esse grau elevado de civilização a que julgamos ter atingido porque arremedamos a Europa no que a Europa encerra de menos importante.

"A religião é a cadeia de ouro que une a terra ao céu", repetiu o nosso marquês de Maricá. Nós parodiaremos esta bela máxima com a seguinte: "A religião é a cadeia indestrutível que liga a mulher a seus deveres, a coroa mais preciosa que lhe cinge a fronte".

A mulher sem religião assemelha-se àquelas lindas flores de nauseante cheiro que se deve admirar de longe, sendo que o seu contato infecciona o ar que respiramos.

É a religião que fortifica e realça as qualidades feminis, e ela ainda é a que sustenta e consola todo o indivíduo nas circunstâncias mais difíceis da vida, a bússola invariável que lhe indica os seus deveres e o conduz ao exato cumprimento deles.

Entretanto, nada há em nossa terra mais desprezado pelos pais e pelos párocos do que o ensino da religião.

Onde no Brasil o assíduo cuidado, de uns e de outros, de inspirarem à mocidade os salutares princípios da fé de Cristo?

Qual a freguesia cujo pastor observe pontualmente os deveres que lhe impõe a sua santa missão?

Não há espírito religioso em nossa terra que não lastime o desregramento e a ignorância da mor parte do nosso clero. É ainda este um filho póstumo do clero de sua antiga metrópole.

Não temos a sublime pena nem a tarefa do grande historiador A. Herculano para esboçar sequer as calamidades que acarreta a qualquer país um clero ignorante e desmoralizado. Seja-nos, porém, permitido observar de passagem que é dessa fonte, principalmente, que manam os incentivos, senão a causa primária da desordem das gerações que se têm até hoje sucedido.

Podemos dizer, sem receio de que nos tenham por exagerados, que em nenhuma paróquia do Brasil a nossa religião é devidamente ensinada à mocidade. A explicação do catecismo, de que com tanto interesse e assiduidade se ocupam os padres da França, encarregados de difundir a instrução religiosa por todas as classes da sociedade, é de tal sorte desprezada no Brasil, que as nossas grandes meninas, hábeis nas etiquetas dos bailes e nos manejos para obterem a única conquista a que aspiram, fazem a sua primeira comunhão sem o conhecimento dos princípios de nossa santa fé.

Nunca esqueceremos a humilhação que sentimos (pela ignorância dos nossos conterrâneos nesse ponto) quando, em Paris, uma antiga dama da casa de Luís Filipe, admirando a instrução de uma jovem brasileira que se achava ali ao mesmo tempo que nós,[229] disse-nos, com certa franqueza de que a fizemos arrepender-se, que se surpreendia ao ver uma moça do nosso país tão instruída, quando a uma de nossas altas personagens, chegando à França, foi necessário ensinar até o catecismo!

229 Pode-se presumir que esta jovem brasileira tenha sido a própria filha da autora, Lívia Augusta de Faria Rocha, que acompanhou a mãe na viagem à Europa em 1849.

LVI

Há mais ou menos doze anos vimos com satisfação, posto que corando pela incúria do nosso clero, um padre francês dar em uma das igrejas desta capital a primeira instrução de catecismo, preparando com solicitude a infância para um ato que, quando bem compreendido, tão salutares bens derrama em seus tenros corações.

Quisemos para logo ali conduzir nossas filhas, mas aguardamos que os brasileiros, tão imitadores do estrangeiro, deste copiassem uma das mais edificantes práticas que deveria ser também a nossa, desde que o Brasil é nação católica.

Pensamos que os nossos párocos, impelidos por tal incentivo, dessem enfim, como lhes cumpria, em suas respectivas paróquias, o digno espetáculo do bom pastor instruindo suas ovelhas, ocupando-se principalmente da educação religiosa da infância.

Iludida foi, porém, a nossa expectativa, e algum tempo depois, sacrificando mesquinhas considerações de mal-entendida nacionalidade ao bem espiritual de nossos filhos, conduzimo-los a participarem das explicações dadas pelo religioso Fournier, sucessor do reverendo Guillaume.[230]

Folgamos de ver que muitas famílias brasileiras, e algumas diretoras de colégio, levavam suas filhas e educandas a ouvirem aquelas instruções, mas bem depressa apercebemo-nos com pesar que muitos espectadores do solene ato da primeira comunhão concorriam a ele com o mesmo pensamento que leva a nossa mocidade às festas de igreja, onde infelizmente pouca reverência se guarda, em geral.

Daí as seguintes linhas publicadas, em 1851, na *Revue des Deux Mondes:*[231]

> *Un des principaux centres de la vie sociale au Brésil, ce sont les églises. Avant de franchir le seuil d'une maison brésilienne, entrez dans l'un des nombreux temples de Rio de Janeiro au moment d'une cérémonie rèligieuse, et déjà vous aurez saisi un des cotes originaux de cette population.*

---

230 Desde muito cedo na história do Brasil, o clero estrangeiro teve participação ativa na vida do país, fato que ocasionou algumas vezes severas disputas com o clero nacional, a quem ordinariamente estavam entregues as tarefas eclesiásticas mais árduas e rotineiras.

231 A autora cita o artigo "L'Empire du Brésil et la Societé Brésilienne en 1850", publicado por Emile Adêt na *Revue des Deux Mondes.* Tome Neuvième/21ème année. Nouvelle période, p. 1.081-1.105. A passagem referida está na p. 1.084.

> *On peut voir les femmes échanger de longs et doux regards avec les jeunes gens, qui passent et repassent, ou s'arrêtent même pour mieux continuer ce jeu pendant toute la durée de l'office.*[232]

Lemos estas linhas em Paris, quando com mais indulgência analisávamos outras repreensíveis faltas dos franceses, mais dignas da censura desse escritor, pois que são cometidas por um velho povo, que tantos séculos conta de civilização! Não obstante reconhecermos que uma parte dos brasileiros merece aquela censura, todavia muito nos revoltou ela, porquanto a nacionalidade de um coração patriótico nunca tão altamente se revela como quando sente ele, em país estrangeiro, ferir ou humilhar o seu próprio país.

Os erros da pátria são como os de nossos filhos: queremos nós mesmos censurá-los e puni-los, mas não podemos sofrer vê-los estigmatizados por estranhos a quem nada devem.

Não podemos, porém, com justiça exprobrar a nossa mocidade de pouco religiosa, quando ela vê por toda a parte em nossa terra alguns padres não somente descuidosos de fazer-lhe sentir os sublimes preceitos do Homem--Deus, mas ainda darem-lhe tristes exemplos de uma conduta desregrada e criminosa.

Como pretender que um clérigo que tem calcado aos pés os deveres impostos ao seu santo ministério consiga, falando do alto de um púlpito ou no confessionário, moralizar os que o têm visto entregar-se a toda a sorte de prazeres mundanos? Entretanto, não há província do Brasil, freguesia quiçá, onde alguns desses homens, trajando as vestes sacerdotais, não tenha dado esse espetáculo, e, o que mais é para censurar entre um povo cristão, são eles tolerados no exercício do digno ministério que profanam.

Não pretendemos delatar aqui as faltas do nosso clero, mas, visto que tratamos da educação no Brasil, impossível nos era deixar de fazer menção de uma das causas capitais que indubitavelmente concorrem para que ela não se desenvolva escudada nos santos princípios da religião, primeiro sustentáculo das nações e o meio mais profícuo de tornar os homens melhores.

---

232 "Um dos principais centros da vida social no Brasil são as igrejas. Antes de ultrapassar o limiar de uma casa brasileira, entrai num desses numerosos templos do Rio de Janeiro no momento de uma cerimônia religiosa, e logo havereis captado um dos aspectos originais dessa população. [...] Podem-se ver as mulheres trocar longos e doces olhares com os rapazes que passam e tornam a passar, ou mesmo param para melhor continuar este jogo por todo o tempo em que dura a cerimônia."

LVII

Os fatais abusos cometidos por uma parte do nosso clero e o mau sistema de nossa educação doméstica principalmente têm sido, e continuarão a ser, se uma regeneradora época não brilhar para nós, a causa primordial do atraso de nossa civilização, a fonte de todos esses vícios que infestam a nossa sociedade, pervertendo tão frequentemente o caráter natural de um povo, como é o brasileiro, dócil, modesto e generoso. Os mesmos viajantes ilustrados que se têm dado ao estudo do caráter dos brasileiros fazem-lhes esta justiça, indicando de passagem as causas, que todos conhecemos, de nossas mais salientes faltas.

O Conde de Castelnau,[233] depois de tecer justos encômios à nossa hospitalidade, diz:

> *Le brésilien est bien loin d'avoir le caractère dur qu'on lui prête souvent en Europe, car c'est certainement le plus indulgent etc.*
>
> *Le désoeuvrement, le manque de moyens d'étude et la plaie de l'esclavage ont eu la plus fâcheuse influence sur l'état des moeurs en ce pays, et le clergé, loin de suivre le bel exemple qui lui est présenté par celui d'Europe, n'est que trop souvent le premier à donner l'exemple de la débauche et du désordre.*
>
> *Avant mon départ de Rio, un des chefs de l'église me disait avec un peu d'exagération sans doute: 'Vous trouverez ici un clergé, mais pas de prêtres'.*[234]

---

233 Francis de Castelnau (1812-1880), naturalista francês, chefiou uma expedição científica à América do Sul de 1843 a 1847, fazendo um percurso do Rio de Janeiro a Lima e descendo pelo estuário do Rio Amazonas. Publicou uma *História da Viagem*, em 6 volumes (1850-52).

234 "O brasileiro está bem longe de ter o caráter duro que se lhe atribui com frequência na Europa, pois é certamente o mais indulgente. A desocupação, a falta de meios para estudar e a praga da escravidão têm tido a mais perniciosa influência sobre os costumes deste país, e o clero, longe de seguir o bom exemplo que lhe é apresentado pelo da Europa, é muitas vezes o primeiro a dar o exemplo da dissolução e da desordem. Antes de minha partida do Rio, um dos chefes de igreja me dizia, com um pouco de exagero, sem dúvida: 'Aqui você encontra clero, mas não padres'." O trecho citado foi extraído do livro de Castelnau, Tomo I, p. 132 e 133 (Paris: Chez P. Bertrand, 1850).

Esta franqueza agrada por ser a expressão da verdade, mas não pode ao mesmo tempo deixar de revoltar quando parte de um vigário que, em vez de se esforçar para que ela marche na santa via prescrita pelo seu grande Fundador, se apraz em ridicularizá-la perante um estrangeiro.

É também ao desleixo de tais vigários que se deve a desordem e o desrespeito tão censuráveis que reinam em nossos templos, principalmente nas ocasiões de certas festas mais concorridas. Se eles soubessem impor o devido respeito nessas solenidades, qual seria a pessoa, por mais irreligiosa, que ousasse afrontá-lo? Mas, pelo contrário, deixam inteiramente a todos, que não são ali levados pelo espírito de verdadeira religião, a liberdade de conversarem sobre qualquer assunto que seja e portarem-se com irreverência no santo recinto.

Custa-nos a confessar que, antes de irmos à Inglaterra, não havíamos sentido, ao entrar em um templo do Senhor, esse profundo recolhimento que inspiram à alma religiosa os lugares consagrados ao seu divino culto.

Parece-nos ouvir, de antemão, grosseira e inepta censura de espíritos fracos ou parciais, que avaliam tudo pelas suas próprias impressões. Mas, longe de ofendermo-nos, perguntar-lhes-emos com a calma do filósofo e a paciência do cristão:

> Quando ides assistir às nossas festividades de igreja, o que é que aí vedes em geral praticarem os *fiéis?* Distingues por acaso na fisionomia, na atitude da mor parte deles, alguma coisa que vos prove irem ali somente orar? Podereis furtar-vos à verdade não confessando que esses grupos, amontoados às portas de nossos templos e os que neles entram em tais ocasiões, parecem ir antes assistir a uma representação teatral do que às cerimônias do santo sacrifício do Filho de Deus para resgatar o gênero humano? À fé que, se não tendes alguma vez feito parte desses falsos cristãos, concordareis de pronto conosco, e, ainda quando assim fosse, vossa consciência apoiar-nos-á, a pesar vosso.

E aconteceria isto, se a maioria dos nossos padres imitasse os dignos exemplos daqueles que entre nós honram o seu ministério por suas virtudes e saber, fazendo tão altamente sobressair o nome brasileiro na glória que difundem sobre a pátria, a igreja e a humanidade?

Por certo que não.

O clero francês, o mais instruído do mundo católico, deveria ser para a desvairada parte do nosso o tipo pelo qual ela modelasse a sua conduta. Não nos era preciso ter as brilhantes conferências do eloquente Lacordaire,[235] as do persuasivo e piedoso Ravignan,[236] e de tantos outros que extasiam a alma do cristão, quando lhe fazem ouvir as edificantes verdades do Evangelho. Bastar-nos-ia que todos os nossos padres dessem-nos o espetáculo da piedade e verdadeira dedicação com que aqueles dignos prelados procuram edificar o povo e inocular na mocidade os princípios sólidos e fecundos de nossa santa fé.

Mas temos já assaz indicado as causas primárias que retardam o conveniente desenvolvimento da educação e dos progressos intelectuais de nossas mulheres civilizadas. Cumpramos agora uma santa missão consagrando algumas páginas àquelas que, tendo inegável direito às graças dos usurpadores de seu território, foram e são ainda em geral tratadas por eles com o mais rude desprezo.

Falamos das que chamam *caboclas,* dessa interessante e infeliz porção da humanidade que se tem de mais em mais entranhado em nossas florestas, ou vive aqui e ali dizimada[237] em mesquinhas e desorganizadas aldeias.

235 Henri Lacordaire (1802-1861), frade dominicano: notabilizou-se como orador sacro, sobretudo pelos sermões pregados na igreja de Notre- -Dame de Paris, entre 1835 e 1836. Foi membro da Academia Francesa.

236 Gustavo Xavier Delacroix de Ravignan (1795-1858), sacerdote jesuíta: foi o substituto do padre Lacordaire como pregador em Notre-Dame.

237 O texto original registra “deciminada”, num evidente lapso de revisão.

LVIII

Indígenas do Brasil, o que sois vós?
Selvagens? os seus bens já não gozais…
Civilizados? não… vossos tiranos
Cuidosos vos conservam bem distantes
Dessas armas com que ferido têm-vos!
De sua ilustração, pobres caboclos,
Nenhum grau possuis!… Perdestes tudo,
Exceto de covarde o nome infame…[238]

Pobre raça infeliz, votada ao desprezo dos homens que te usurparam quanto o homem tem de mais caro na vida: pátria, liberdade, honra! Raça inocente e belicosa, que te estendias descuidosamente pelo litoral do Atlântico desde o Amazonas até o Prata, e em todas as direções por essas vastíssimas majestosas florestas, atestando a onipotência de Deus nos dias primitivos da criação. Que lugar ocupas tu, há três séculos e meio, nesta magnífica região onde te havia colocado o Eterno e onde os homens da civilização vieram com a religião do Cristo oferecer-te as suas vantagens para fazer de ti um povo melhor?

Parece-nos ouvir a extinta e queixosa voz do bravo e malfadado caeté responder:

Ó terra de meus pais, ó Pátria minha!
Que, seus restos guardando, viste d'outros
Longo tempo a bravura disputar
Ao feroz estrangeiro a Pátria nossa,
A nossa Liberdade, os frutos seus!…
Recolhe o pranto meu, quando, dispersos,
Pelas vastas florestas tristes vagam
Os poucos filhos teus à morte escapos,
Ao jugo de tiranos opressores,
Qu'em nome do piedoso céu vieram
Tirar-nos estes bens qu'o céu nos dera,
As esposas, a filha, a paz roubar-nos!
Trazendo d'além-mar as leis, os vícios,
Nossas leis e costumes postergaram!

---

238 Nesse ponto e nos versos que seguem, Nísia Floresta faz outra vez inserção de trecho de seu poema *A Lágrima de um Caeté.* A passagem citada está na p. 69 e 70 da reedição de Adauto Câmara, *cit.*

Por nossos costumes singelos e simples
Em troco nos deram a fraude, a mentira,
De bárbaros nos dando o nome que deles
Na antiga e moderna história se tira.

De feito, o filósofo, o cristão que conhece a história do nosso Brasil não pode deixar de revoltar-se contra os abusos da civilização dos seus povoadores europeus, continuados por seus sucessores. O que resta hoje dessas numerosas nações de aborígenes, cujo préstimo e cuja fidelidade tantos fatos comprovam antes e depois dos frutos colhidos pelo incansável zelo de Nóbrega e do virtuoso Anchieta? Anchieta em quem Deus havia reunido os talentos do poeta, do naturalista e do filósofo, para demonstrar que se deviam inspirar grandes e nobres sentimentos a um povo que tinha direito à melhor sorte e aos elementos necessários para, bem-dirigido, conosco marchar na via do progresso civilizador!

Alguns jesuítas procuraram imitar esse grande gênio do cristianismo, e os poucos de nossos conterrâneos que têm percorrido nossas províncias, dando-se ao estudo analítico da história das primeiras tentativas para civilizar os nossos indígenas, sabem que imensas aldeias floresceram debaixo da sábia administração de dedicados catequizadores.

Mas onde estão hoje essas florescentes aldeias, os descendentes desses povos que as habitavam submetidos a paternal direção, desenvolvendo sua inteligência em diversos gêneros de artes úteis e agradáveis? O que é feito dessas raças, de que saíram os Tibiriçá, os Arariboia, os Camarão, que, fiéis aos seus ingratos aliados, tantos e tão relevantes serviços prestaram à causa da civilização, nas províncias de S. Paulo, Rio de Janeiro, Pernambuco etc., etc.?

Estes célebres nomes não bastariam para fazer corar alguns dos nossos escrevinhadores e modernos guerreiros que apresentam os nossos aborígenes como um povo infiel e covarde?

Nobre caeté, tu tinhas razão quando exclamaste:

Tabajares miserandos! Raça escrava!
Que a voz, incautos, desse chefe ouvistes
Mandando exterminar os irmãos teus
Para um povo estrangeiro auxiliar!
O anátema do céu feriu-te, ó mísera!
Para ele um país tu conquistaste:
Em paga deu-te ele a ignomínia!
Em eterno desprezo eis-te esquecido,
Como estão tantos outros teus iguais!

Que, perdendo na Pátria os seus costumes,
As vantagens não gozam desses homens
A quem sacrificaram Pátria, honra!…

LIX

Tocamos nos indígenas em geral, e é das suas mulheres que queremos somente falar. Dignas, por suas virtudes inatas, de receberem educação moral e intelectual que as colocasse a par de nossas mulheres civilizadas, as aborígenes do Brasil foram as primeiras vítimas imoladas à licença dos homens da civilização, que vieram trazer ao seu país as vantagens da vida europeia.

Companheiras submissas e fiéis de seus maridos, a quem seguiam na guerra e ajudavam com incansável zelo e natural dedicação em diferentes misteres da vida errante, na cabana ou fora dela, sua sorte era preferível à que depois lhes trouxe o *cristianismo* de seus vencedores, envolvendo-as na atmosfera de seus vícios, ligando-as ao férreo poste da escravidão, e vendendo-as, como faziam, com inaudita atrocidade, sob o mesmo céu onde Deus as havia feito nascer com seus irmãos no pleno gozo da liberdade.

Falando-se-lhes de Cristo e dos salutares bens de sua santa religião, desmentia-se em geral, pela prática havida com elas e com os seus, as máximas que as tinham chamado ao grêmio da igreja.

Não obstante, porém, essa conduta e a falta absoluta de educação moral, as indígenas fornecem exemplos de virtudes e de heroísmo que poderiam ser colocados a par dos que têm apresentado as mulheres civilizadas de todos os tempos e nações, com o duplo merecimento de serem tais exemplos promovidos pela espontaneidade, que não pelo cálculo que preside de ordinário às grandes ações dos povos civilizados.

Quereis ver a mãe na sublime simplicidade do amor materno? Contemplai as indígenas em todas as correrias que eram e são forçadas a fazer, seguindo os maridos através dos bosques, perseguindo ou fugindo ao inimigo, sobrecarregadas dos filhinhos, além dos objetos que são obrigadas a levar. Segui-as, entre outras, na grande emigração aconselhada tão pateticamente pelo seu grande chefe Japiaçu, resignadas a deixarem aos usurpadores de sua pátria todos os bens de que nela gozavam a fim de subtraírem seus filhos à opressão e ao opróbrio que tanto havia já pesado sobre seus pais. Ide vê-las, hoje mesmo, como nós as vimos, nos restos de algumas aldeias, ao norte e ao sul do Rio de Janeiro, desenvolverem, no estado intermediário do selvagem e do civilizado, ligadas dia e noite a seus filhinhos por mais fortes vínculos de natural afeição do que muitas mães da nossa sociedade, não os deixando, como muitas destas, em seio estranho, alguma vez mesmo enfermos, para irem tomar parte nos prazeres do mundo, ou satisfazerem uma etiqueta da sociedade.

Quereis ver a esposa terna, previdente, dedicada e fiel? Contemplai a célebre Paraguaçu,[239] captando para o esposo as simpatias e os favores da sua tribo, ajudando-o em sua missão civilizadora, e civilizando-se ela mesma para amenizar-lhe os dias, privado como se achava ele das comodidades europeias. Circunspecta e fiel aos seus deveres, quando passou à França e apresentou--se na corte de Catarina de Médici, que lhe deu seu nome servindo-lhe de madrinha, ela atraiu a admiração de todos por seu tipo americano, suas graças ingênuas e sua dedicada afeição pelo esposo, com quem voltou à Bahia, no mútuo e constante empenho de utilizar aquela nascente colônia.

Quereis admirar o amor em toda a sua espontaneidade e na grandeza da abnegação pessoal? Vede Moema, a sensível e infeliz Moema, lançando--se ao mar, seguindo a nado o navio que lhe levava o homem por quem só prezava a existência e por quem queria morrer, não podendo com ele viver![240]

Quereis, enfim, admirar a guerreira em toda a glória das armas? Atentai para a intrépida esposa do célebre Camarão,[241] seguindo, à frente de outras, as pegadas do esposo, e duplicando-lhe os loiros colhidos em tantos combates sobre o famoso solo pernambucano.

As privações e os perigos que ela arrostou nas mais difíceis crises, a coragem e constância que desenvolveu quando as armas do denodado guerreiro indígena faziam, com as de Henrique Dias e Vieira,[242] o terror dos aguerridos batavos, foram muito superiores, pelas circunstâncias em que se achava e pelos combatentes que a rodeavam, às que imortalizaram Joana d'Arc! Elas mereciam por sem dúvida de seus vindouros, se não estátuas, que não sabemos ainda erigir aos nossos gênios, ao menos justos tributos de homenagem, que fizessem corar aqueles que têm propalado a falsa reputação de covardia e inaptidão dessa raça que cooperou para que o Brasil não fosse então arrancado ao povo que o havia descoberto.

De tantos triunfos, porém, de tanta dedicação e fidelidade, nenhuma glória, nenhum feliz resultado ficou às futuras gerações, que em pouco desaparecerão talvez inteiramente do solo brasileiro.

---

239 Paraguaçu (1503-1583), cristianizada com o nome de Catarina Álvares, foi a esposa de Diogo Álvares Correia, o Caramuru. A seu respeito formou-se uma lenda, divulgada pelo poema épico *Caramuru* (1781), de Frei José de Santa Rita Durão (1722-1784), segundo a qual ela teria ido com o marido visitar a corte de Henrique II e Catarina de Médici, onde teria sido batizada com o mesmo nome da rainha da França.

240 Moema é outra personagem do poema *Caramuru* (Canto VI).

241 Clara, esposa de Antônio Filipe Camarão, o Poti (1580-1648), chefe indígena que se distinguiu na luta pela expulsão dos holandeses do Brasil. Clara acompanhou o marido em todas as campanhas, tendo se destacado na batalha de Porto Calvo (1637), onde comandou um batalhão feminino.

242 Henrique Dias (? - 1661), africano, e João Fernandes Vieira (1602--1681), português, também se destacaram na expulsão dos holandeses do Brasil.

LX

A fidelidade conjugal foi e é quase sempre seguida pela mulher indígena. Todos os que têm conhecimento da sua história sabem que, fáceis antes de tomarem marido, respeitam depois os laços que as ligam a este, sendo o adultério olhado com horror entre os selvagens.

Boas mães e esposas fiéis: eis aqui duas qualidades preciosas, comuns às nossas indígenas, dois vínculos santos que ligam e enobrecem a família, vínculos que sabem no estado selvagem respeitar, apresentando exemplos que bem merecem ser considerados pelas mulheres civilizadas de todos os países.

Quanto ao que se tem inventado e dito de sua preguiça natural, falta de fé e repugnância por fixarem-se em qualquer lugar, responderemos que vimos, nas aldeias que visitamos, mulheres aborígenes mais constantemente ocupadas em diferentes trabalhos do que mesmo as mulheres das classes pobres de nossas cidades, que, todavia, não se fazem passar por preguiçosas.

Elas são aptas para todo o gênero de trabalho e artefatos; e tanto as que tivemos a nosso serviço como as que se educaram entre nossa família deram-nos sempre provas da mais constante dedicação.

Estamos, pois, convencidos de que, se a sua raça não tem dado sempre exemplos tais, é antes por causa do mau tratamento que com ela se emprega do que por defeito de sua índole geralmente dócil e boa.

Não podemos, portanto, ver sem mágoa e indignação o desapreciamento em que se têm os aborígenes, quando de grandes virtudes são capazes e tão úteis nos podiam ser.

As mulheres são não somente mais asseadas que as africanas e mais próprias a ajudar-nos a criar nossos filhos, servindo-nos com fidelidade e submissão, sem o servilismo e os vícios das infelizes escravas, mas também suscetíveis das mais doces e nobres afeições. Sua alma encerra preciosos tesouros, que uma educação bem-dirigida abriria àqueles mesmos que tanto desdenham a sua raça.

Os resultados do método paternal empregado pelos verdadeiros apóstolos da civilização cristã nesta parte da América atestaram que os aborígenes eram suscetíveis de aperfeiçoarem-se em qualquer arte e dignos de concorrerem, por sua bravura, docilidade e constância, para o engrandecimento e a glória do Brasil.

Que eles não mereciam o desprezo em que foram depois deixados, desejamos que não o ateste geral, como já parcialmente o tem atestado, a raça africana arrastada às nossas praias.

Por sedenta ambição, por crime atroz![243]

Quando, por sábio decreto de um rei justo e humano, a revoltante escravidão dos nossos indígenas foi abolida e a introdução dos infelizes africanos[244] veio substituir o vergonhoso tráfico que em todo o Brasil se fazia com aqueles – julgou-se conveniente procurar exterminar os que acabavam de libertar-se, de direito que não de fato, porquanto a perseguição continuou debaixo de outro caráter. E ainda em nossos dias – com horror o sabemos! – caçam-se os selvagens em suas matas como animais ferozes, para apreendê-los e arrancar-lhes as mulheres e os filhos, que se retêm e fazem servir como escravos… em muitas roças e casas do interior das províncias.[245]

Debalde um ou outro amigo da humanidade tem querido generalizar o sistema conciliador que faria esquecer a esses infelizes um passado de horror e de vergonha para povos civilizados. Seus esforços têm sido quase sempre frustrados. E digamo-lo com franqueza: enquanto os louváveis esforços desses verdadeiros amigos da humanidade não forem coadjuvados por uma vontade decidida do governo em tomar medidas enérgicas para substituir por maneiras conciliadoras e humanas a perseguição e a barbaria havidas com esses infelizes, a missão de civilizar os selvagens não passará de uma farsa com que se pretende entreter e distrair os espectadores do trágico drama, horrorosamente repetido em nossas florestas e retiradas habitações pelos *dignos* descendentes de seus primeiros exploradores.

---

243 Outra transcrição de um verso do poema *A Lágrima de um Caeté* (p. 68 da reedição de Adauto Câmara).

244 Foi em 1559 que a Coroa Portuguesa autorizou o ingresso de escravos negros no Brasil.

245 Desde o século XVII se iniciou o movimento para a libertação do cativeiro indígena no Brasil. Os documentos régios e as bulas papais anteriores eram desmentidos pela realidade da exterminação do silvícola. Basta comparar as palavras da autora e o depoimento que ela traz em seguida, com o fato de que era de 27 de setembro de 1831 a lei que extinguia a servidão dos índios prisioneiros de guerra no Brasil.

LXI

Não comentamos, apenas simplificamos, e muito, as causas que têm privado o Brasil de numerosos e fortes braços, de que tanta precisão tem. Ele manda procurar no estrangeiro – à custa de imensas somas e sacrifícios, exposto a eventualidades desagradáveis que por mais de uma vez se têm dado – soldados, quando possui em seu próprio seio com que formar, querendo, numerosas e respeitáveis legiões de bravos.

Negligenciando-se a civilização dos selvagens, tem-se não somente tirado ao Brasil os seus mais legítimos e empenhados defensores, mas também, a todos os seus filhos, a vantagem de serem servidos por braços livres dos que, nascendo em nosso mesmo solo, não nos teriam por sem dúvida transmitido vícios estranhos, inextinguíveis calamidades.

Aqueles que são levados pela avareza ou por um funesto prejuízo – que a nossa civilização não tem até aqui podido desarraigar do espírito de todos – olharão estas considerações como verdadeira utopia. E nós, os amigos dos infelizes aborígenes, não sabemos quais merecem ser mais lamentados, se estes ou aqueles.

Sabem-se os terríveis abusos que se continuam a cometer procurando-se catequizar os selvagens. Todos terão lido a narrativa que, a respeito, fizeram diversos e verídicos viajantes, a quem, doando Deus sentimentos humanitários, não pode deixar de profundamente magoar a sorte desses infelizes.

Entre outros, ainda há pouco lemos o muito interessante escrito do sr. Teófilo Benedito Ottoni[246] – *Viagens às Margens do Mucuri* –, em que este digno brasileiro fala deles com uma imparcialidade e esclarecida justiça que muito nos tocou. Permita-se-nos citar aqui algumas linhas do relatório dessa viagem, que comprovam parte do que dissemos e pensamos a respeito deles:

> Em 1849 um sargento e os poucos soldados que ficaram no quartel de Santa Cruz traziam os selvagens em contínuos e duros trabalhos, e castigaram-nos com palmatória, chicote e tronco. No entanto, a medida dos sofrimentos dos infelizes só transbordou quando os seus cruéis opressores

---

246 Teófilo Benedito Ottoni (1807-1869): pensador brasileiro e político liberal do século XIX. Teófilo Ottoni foi também empresário, tendo por quase dez anos (1850-1859) se dedicado à colonização do vale do rio Mucuri, em Minas Gerais. Nesse período construiu uma cidade, abriu uma rodovia, tratou de civilizar os índios e promoveu a imigração europeia para a região do Mucuri.

> também lhes tomaram as mulheres e filhas, fazendo do quartel um horroroso serralho.
>
> [...]
>
> Atualmente o encontro dos homens da espingarda com os selvagens prova o terror de que estão estes possuídos e é uma confissão solene dos atentados cometidos outrora por aqueles.
>
> Quando uma tribo bravia encontra nos matos um homem de espingarda, o movimento instantâneo dos selvagens é correrem e embrenharem-se. E o único meio de detê-los e obrigá-los a chegarem à fala é bradar-lhes repetidas vezes estas palavras sacramentais: "*Jac-jemenuck, Jac-jemenuck*", que querem dizer: "Já estamos mansos, já não somos matadores".
>
> Ouvindo esta exclamação, em que os crimes antigos são confessados pelos catequizadores, o selvagem cessa de fugir, depõe o arco e ordinariamente responde: "*Sincorana, Sincorana*", que quer dizer "Tenho fome, tenho fome".

Em outra parte, falando ainda das perseguições que tornaram infrutíferas suas medidas conciliadoras para atrair os selvagens, ele acrescenta:

> Traídos e dizimados, os infelizes se concentraram pelas brenhas para fugirem à escravidão, ao bacamarte e ao veneno, porque, para vergonha da civilização, o veneno tem sido também empregado contra os selvagens nas imediações do Mucuri.
>
> Conta-se até o horroroso caso de uma tribo inteira vítima dos sarampos que, com o fim de exterminá-la, lhe foram perfidamente inoculados, dando-se-lhes roupas de doentes atacados daquele mal.
>
> [...] A mor parte dos atentados cometidos pelos selvagens nestes últimos anos têm sido atenuados pela atendível circunstância de haverem sido cometidos em defesa da liberdade de seus filhos e da pudicícia[247] de suas mulheres.

247 No texto original está "pudícia", outra errata evidente.

Tais são as causas que levaram quase sempre em todos os tempos os nossos selvagens a mostrarem-se cruéis. Tiveram e terão sempre razão para isso, enquanto os nossos civilizadores cristãos não quiserem compreender que somente palavras persuasivas e práticas evangélicas – e não o ferro, o veneno e a licença – devem empregar para a civilização dos restos dessa grande e nobre raça.

Do pouco que havemos expendido relativamente às qualidades naturais da mulher indígena, queremos concluir que ela é digna de ocupar outra posição em nossa terra; e o desprezo com que foi sempre e continua a ser olhada a sua raça pelas nossas outras populações é um abuso antinacional, anticristão, que os nossos governantes e o nosso clero devem fazer desaparecer, empregando, por bem da pátria e da igreja, meios mais próprios e seguros para consegui-lo. A humanidade e a civilização reclamam imperiosamente deles convenientes medidas para arrancar essa pura, digna porção do povo brasileiro à vida em que vegeta, e torná-la útil como incontestavelmente pode ser a uma e a outra.

Oferecendo o nosso mesquinho óbolo à nobre causa das nossas aborígenes, temos concluído os pontos principais que fazem o objeto deste opúsculo, pontos que procuraremos melhor desenvolver, se o tempo e a saúde, que hoje nos são contrários, voltarem mais propícios e risonhos.

Resta-nos, depois de uma observação mais, invocar ainda uma vez para as nossas mulheres em geral: melhor educação, destino mais digno delas.

LXII

Por mais rigorosas que tenham sido as instituições dos povos, concernentes à exclusão absoluta da mulher de toda a sorte de governo público, quem há aí que ignore ter ela a maior influência nas ações dos homens e, por conseguinte, nos destinos dos povos?

Desde o último subalterno até o mais alto dos funcionários, são todos mais ou menos, não diremos somente inspirados, mas dirigidos por seu amor, se não por seus caprichos, que têm mais de uma vez desviado da senda de seus deveres os maiores gênios, os caracteres mais abalizados.

Passamos em silêncio o vergonhoso predomínio da mulher sem mérito na vida privada do homem, para apontar somente aquele que influi em sua vida pública.

Quantas vezes a pena do circunspecto magistrado tem-lhe tremido na mão, firmando uma sentença contra sua consciência, para satisfazer o pedido de uma esposa que lhe implora pelo réu de justiça! Quantas outras, o guerreiro impávido à frente do inimigo da pátria, no campo de batalha, curva o joelho e depõe a espada aos pés de uma mulher amada, se esta exige dele o sacrifício de sua glória e mais ainda o de sua honra! E os monarcas? Não têm alguns fechado os ouvidos às reclamações de seus súditos, para seguirem os ditames do coração que lhes fala por um desses seres destinados a abaterem o orgulho do homem, curvando-o à sua vontade?

Se, pois, apesar do quanto se tem dito e se continuará a dizer da fragilidade da mulher e da preeminência da razão do homem, este dobra quase sempre essa razão ao amor daquela, árbitro de suas ações, quem mais do que a mulher precisa de uma boa educação, correspondente às condições em que se acha colocada? Quem mais do que ela deve esclarecer o seu espírito, de sorte a não abusar do império que exerce sobre o homem e dirigir este à sua própria ventura e ao bem da humanidade?

A vós, pais de família, a vós cumpre remediar os erros das gerações extintas! Educai vossas filhas nos sólidos princípios da moral, baseada no perfeito conhecimento de nossa santa religião, no exemplo de vossas virtudes, quer domésticas, quer cívicas. Em vez da leitura de inflamantes e perigosos romances que imprudentemente lhes deixais livre, fornecei-lhes bons, escolhidos livros de moral e de filosofia religiosa, que formem o seu espírito, esclareçam e fortifiquem sua razão. A história, principalmente a de nossa terra, de que bem poucas se ocupam, é um estudo útil e agradável, mais digno de ocupar as suas horas vagas que certos contos de mau gosto, inventados pela superstição ou fanatismo ignorantes para recrear a mocidade sem espírito. Fazei-lhes compreender desde a infância que a mulher não foi criada para ser a boneca dos salões, a mitológica-ridícula divindade a cujos pés queimam falso incenso os desvairados adeptos do cristianismo. Inspirai--lhes o sentimento de sua própria dignidade e a firme resolução de mantê-la intacta e vantajosamente, por ações dignas da mulher, dignas da cristã, dignas da humanidade.

Bani de seu espírito os errôneos preconceitos que por aí vogam a respeito da fraqueza do sexo, fazendo-as penetrar-se desta verdade evangélica: a fraqueza escudada nas virtudes cristãs será sempre invencível.

Pais, governo, povos do Brasil! Elevai os olhos para esse esplêndido firmamento que se estende variando constantemente de mil encantadoras cores por sobre as nossas cabeças. Volvei-os depois para essa perene pomposa vegetação, incansável de expandir a vossos pés seus ricos tesouros, esperando da vossa mão direção mais digna dela. Contemplai todos esses prodigiosos dons da Providência, desdobrados a olhos indiferentes, e recolhei-os depois em vossos pensamentos, e meditai…

Não vos diz a consciência que a mulher nascida nesta vigorosa terra superabundante de magnificências naturais, respirando sob um céu radiante, no meio da poesia de tão admirável natureza, não se pode limitar ao papel que tem até hoje representado?

Não sentis que a sua missão nesta parte da América civilizada, tão balda ainda de instituições caridosas, não deve ser a de recolher factícios triunfos tributados à matéria, quando o seu espírito pode e deve pretender a elevar-se a mais dignas e nobres aspirações, promovendo na terra o bem do seu semelhante?

A Providência, colocando-vos tão vantajosamente, pareceu chamar-vos a comandar um dia os destinos de toda a América do Sul, assim como aos filhos da União os de toda a América do Norte.

Eia! Se, com mais rico solo do que o dos Estados Unidos, faltou-vos a mola principal – a educação –, para a par deles marchardes, preparai-vos ao menos a satisfazer dignamente a parte essencial da grande missão que vos fora destinada.

Educai, para isto, a mulher e com ela marchai avante, na imensa via do progresso, à glória que leva o renome dos povos à mais remota posteridade!

POSFÁCIO DA SEGUNDA EDIÇÃO *(1989)*

Ao conhecer o trabalho de Peggy Sharpe-Valadares sobre o *Opúsculo Humanitário,* de Nísia Floresta, a primeira coisa que me ocorreu foi como teria ela, uma americana de Illinois, encontrado esta escritora tão pouco conhecida entre nós, suas conterrâneas, e se interessado por um texto tão antigo, voltado para questões da condição feminina brasileira.

Mais tarde, a própria Peggy esclareceu tê-la conhecido de forma casual, em meio a pesquisas nas bibliotecas, levada pelo interesse de saber mais sobre a história das mulheres em nosso país. Durante três anos – de 1979 a 1982 – ela residiu no Brasil como professora visitante e adjunta da Universidade Federal do Maranhão e, mesmo depois, quando retornou à Universidade de Illinois, onde lecionava língua portuguesa e literatura luso-brasileira, continuou pesquisando e escrevendo ensaios sobre escritoras brasileiras.

Além de Nísia Floresta, Peggy Sharpe-Valadares "descobriu" também Inês Sabino, Júlia Lopes de Almeida, Ercília Nogueira Cobra, Adalzira Bittencourt, Clarice Lispector, Lygia Fagundes Telles, Nélida Piñon e Marina Colasanti, que já tiveram alguns de seus textos reunidos numa antologia e divulgados entre os estudantes de português das universidades americanas.

Este seu trabalho de divulgação da literatura brasileira escrita por mulheres é agora acrescido pela recuperação de um texto de Nísia Floresta Brasileira Augusta, o *Opúsculo Humanitário,* publicado em 1853 no Rio de Janeiro, e que se mantinha até hoje – 136 anos depois – esgotado em sua primeira edição.

Se assim inéditos estão os livros de Nísia Floresta, não é de estranhar que tão pouco se conheça sobre sua autora, a norte-rio-grandense Dionísia Gonçalves Pinto (ou Freire Pinto), que em meados do século passado escandalizava a sociedade carioca com ideias avançadas para a época, sobre a educação feminina, a abolição da escravatura, e publicava livros e mais livros a respeito.

Aliás, Nísia Floresta deve ter sido a primeira mulher no Brasil a se utilizar do jornal para a divulgação de ideias que hoje chamaríamos feministas. Seu *Opúsculo Humanitário* é o resultado da reunião de artigos publicados primeiro no *Diário do Rio de Janeiro* e depois em *O Liberal,* durante vários meses, em 1852 e 1853. Além desses artigos publicou também alguns poemas, novelas e ensaios acerca da condição feminina, que, sem dúvida, devem ter repercutido entre os leitores da "grande imprensa" da época, antecipando em muito um debate que só mais tarde volta a acontecer.

O *Opúsculo Humanitário* pode ser considerado como a síntese do pensamento da autora sobre a educação formal e informal de meninas. Através dele podemos perceber também sua grande erudição (adquirida em leituras e nas viagens à Europa), que ela bem demonstra nas dezenas de citações que faz de autores, na análise e nos comentários de vários livros, alguns bem recentes, do ano anterior à publicação do *Opúsculo*. Neste livro Nísia nos conta a história da condição feminina através dos séculos, em diversas civilizações, da antiguidade clássica ao seu tempo, relacionando o desenvolvimento intelectual e material do país (ou o seu atraso), ao lugar ocupado pelas mulheres na sociedade. Por fim, ela trata do Brasil, da brasileira, da situação do ensino e das escolas para meninas – aliás, o motivo mesmo de toda a reflexão anterior.

As posições sustentadas por Nísia Floresta poderiam ser assim resumidas: o progresso de uma sociedade depende da instrução que é oferecida à mulher, e só a educação moral e religiosa, incentivada desde cedo na menina, faria desta melhor esposa e melhor mãe. Tal tese, vista com olhos de hoje, não apresenta novidades e até poderia sugerir um pensamento conservador. Mas, se a analisamos lembrando a sociedade patriarcal de meados do século XIX, os preconceitos mouriscos que enclausuravam as mulheres nas próprias casas, a total falta de direitos de estudar, escolher o marido, criar os filhos e até manifestar uma simples opinião, as ideias de Nísia Floresta crescem e adquirem uma dimensão inusitada, revelando uma mulher consciente que ousou erguer-se bem acima da mediocridade imposta ao seu sexo, publicando livros nos quais o defendia.

A educação das meninas, aliás, foi um dos grandes temas liberais em nosso país na segunda metade do século XIX, aliado à visão romântica de um ensino calcado na religião e na moral, que estimulasse a dignidade feminina e a preparasse para o papel que lhe era determinado socialmente. Via-se não apenas a mulher em si, mas sua função social de mãe responsável pela criação dos filhos, ou melhor, do futuro homem. Mulheres sem instrução, sem nenhuma "prenda de espírito", sem convívio social, sem alguma ciência do mundo e da vida, não poderiam jamais ser as educadoras do homem que a sociedade exigia. Continuariam sem amamentar os próprios filhos, entregando-os para qualquer escrava criá-los, internando-os em colégios distantes, de onde retornavam crescidos e estranhos, vivendo isoladas, sem participar de nada que não fosse exclusivamente o trabalho doméstico. Ou, nas palavras de Gilberto Freyre, continuariam a viver "ignorando que houvesse pátria, império, literatura, e até rua, cidade, praça".

É neste horizonte que devemos incluir o pensamento de Nísia Floresta para melhor compreender suas colocações, perceber sua intenção de influir na mentalidade preconceituosa da época e as propostas de reformas – sociais, morais e educacionais – presentes em sua obra. E, desta forma, o *Opúsculo Humanitário* surge para nós, leitoras e leitores do século XX, investido de enorme importância não só por conter revelações acerca das conquistas femininas, mas também por nos revelar as reflexões educacionais de Nísia, seu empenho nesta luta, suas expectativas e frustrações.

O mérito maior desta iniciativa de Peggy Sharpe-Valadares reside justamente aí, na divulgação deste importante capítulo de nossa história intelectual, por tanto tempo ignorado. Ao que se impõe acrescentar a cuidadosa atualização do texto, bem como seu enriquecimento com as informações adicionadas tanto na introdução como nas notas de pé de página.

Enfim, rompe-se o silêncio, e a voz de Nísia Floresta de novo ecoa, fazendo-nos lembrar o pioneirismo de sua luta: "Educai as mulheres!".

CONSTÂNCIA LIMA DUARTE

Fevereiro de 1989